Maritime Masche

Modell 7

Kinderjacke mit Reißverschluss

Größe: 122/128 (140/146)
Material: 300 (400) g Mint meliert (Fb 103), **150 g** Mint (Fb 06) und **50 g** Anis (Fb 07) „Cotton Stretch“ (70% Baumwolle, 30% Polyester, LL = 125 m/50 g) von ONLINE. Je 1 Paar ADDI-Schnellstrick-N Nr 5 und 6, eine ADDI-Rundstrick-N Nr 5. Ein Reißverschluss (Art.-Nr 3490, Fb 0019), 50 (55) cm lang, von OPTI.
Im Fachhandel erhältlich oder zu bestellen bei: Lindner`s Textil- und Strickstüberl, Untere Römerstr. 37, 94550 Forsthart, Tel.: 08547/582, Fax: 08547/7130, e-mail: lindner@vilstal.net.
Rippenmuster mit N Nr 5: Rdm, * 1 M re, 2 M li, 1 M re, ab * stets wdh, Rdm. In den Rückr M str, wie sie erscheinen.
Gl re mit N Nr 5: Hinr re M, Rückr li M.
Grundmuster A mit N Nr 6: M-Zahl teilbar durch 5 + 2 Rdm. **Hinr:** Rdm, * 2 M re, 1 M li, 2 M re, ab * stets wdh, Rdm. **Rückr:** M str, wie sie erscheinen.
Grundmuster B mit N Nr 6: M-Zahl teilbar durch 5 + 1 + 2 Rdm. **Hinr:** Rdm, * 1 M li, 4 M re, ab * stets wdh, 1 M li, Rdm. **Rückr:** M str, wie sie erscheinen.
Streifenfolge: 10 (16) R Mint meliert, 2 R Anis, 6 R Mint meliert, 8 R Anis, 20 (24) R Mint meliert, 2 R Anis, 4 R Mint meliert, 2 R Anis, 6 R Mint meliert, 8 R Anis, 6 R Mint meliert, 2 R Anis, 30 (36) R Mint meliert = insg. 106 (122) R.
Maschenprobe im Grundmuster A und B: 19 M und 25,5 R = 10 x 10 cm.
Rückenteil: 62 (70) M in Mint anschl und für den Bund 8 cm im Rippenmuster str, dabei in der letzten R wie folgt zun: 1 x nach der 3. M und noch 14 (16) x nach jeder folg 4. M je 1 M re verschr aus dem Querfaden herausstr = 77 (87) M. Danach in Mint meliert im Grundmuster A weiterarb. Für die Raglanschrägungen nach 23,5 cm = 60 R (26 cm = 66 R) ab Bund beids 1 x 1 M abn, dann 16 (22) x abw in jeder R und jeder 2. R, danach 8 (7) x in jeder 2. R je 1 M wie folgt abn: In den Hinr am Anfang der R nach der Rdm 2 M überzogen zusstr (= 1 M re abh, folg M re str, dann die abgehobene M darüberziehen), am Ende der R vor der Rdm 2 M re zusstr; in den Rückr am Anfang der R nach der Rdm 2 M li zusstr, an Ende der R vor der Rdm 2 M li verschr zusstr. Nach 40 cm = 102 R (45 cm = 114 R) ab Bund die restl 27 M abk.
Li Vorderteil: 31 (35) M in Mint anschl und für den Bund 8 cm im Rippenmuster str, dabei am li Rand mit 2 M re, 1 Rdm enden. In der letzten Bund-R wie folgt zun: 1 x nach der 8. M und noch 5 (6) x nach jeder folg 4. M je 1 M re verschr aus dem Querfaden herausstr = 37 (42) M. Danach in Mint meliert im Grundmuster A weiterarb. Die Abnahmen für die Raglanschrägung am re Rand wie beim Rückenteil arb. Für den Halsausschnitt nach 36 cm = 92 R (41 cm = 104 R) ab Bund am li Rand 1 x 5 M, dann in jeder 2. R 2 x je 2 und 1 x 1 M abk. Die restl 2 M in Rückenteilhöhe abk.
Re Vorderteil: Ggl arb.
Ärmel: 34 M in Mint anschl und für den Bund 6 cm im Rippenmuster str, dabei in der letzten R gleichmäßig vert 14 M zun = 48 M. Danach im Grundmuster B in der Streifenfolge weiterarb. Gleichzeitig für die Ärmelschrägungen ab Bund beids 7 x in jeder 8. R (10 x in jeder 6. R und 2 x in jeder 4. R) je 1 M mustergemäß zun = 62 (72) M. Die Abnahmen für die Raglanschrägungen nach 25 cm = 64 R (29 cm = 74 R) ab Bund beids wie beim Rückenteil arb. Nach 41,5 cm = 106 R (48 cm = 122 R) ab Bund die restl 12 M abk.
Fertigstellung: Alle Nähte schließen. Aus dem Halsausschnittrand mit der Rundstrick-N in Mint 76 M auffassen. Im Rippenmuster str, dabei das Muster in der 1. R (= Rückr) wie folgt einteilen: Rdm, 2 M li, 2 M re im Wechsel, enden mit 2 M li, Rdm. In den folg R M str, wie sie erscheinen. Nach 12 cm Kragenhöhe alle M abk und den Kragen zur Hälfte nach innen säumen. Aus den Vorderteilkanten einschließlich der Schmalseite des Kragens in Mint ca 92 (102) M auffassen und 2 cm gl re str, dann alle M re abk. Für den Reißverschlussbesatz aus der Innenkante ebenso viele M aufnehmen und 2 cm gl re str, dann alle M abk. Den Reißverschluss zwischen beiden Blenden einnähen.

Anleitung Modell 8 siehe Seite 14

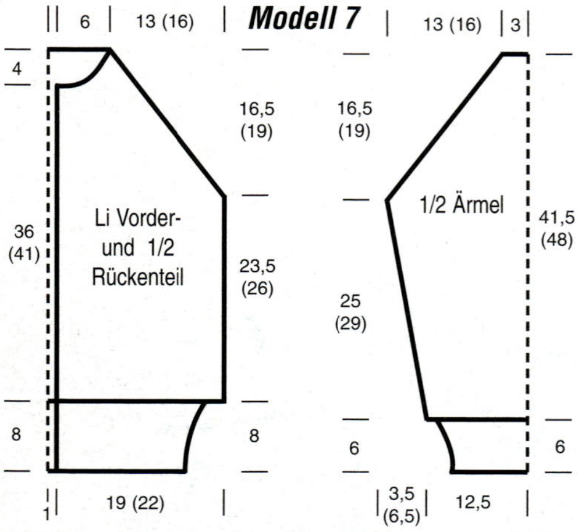

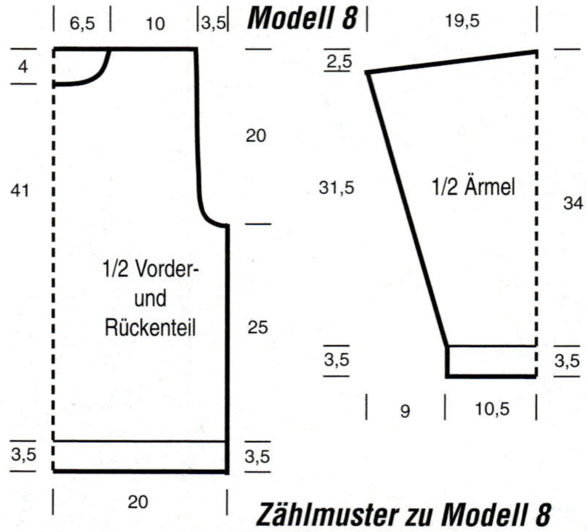

Zählmuster zu Modell 8

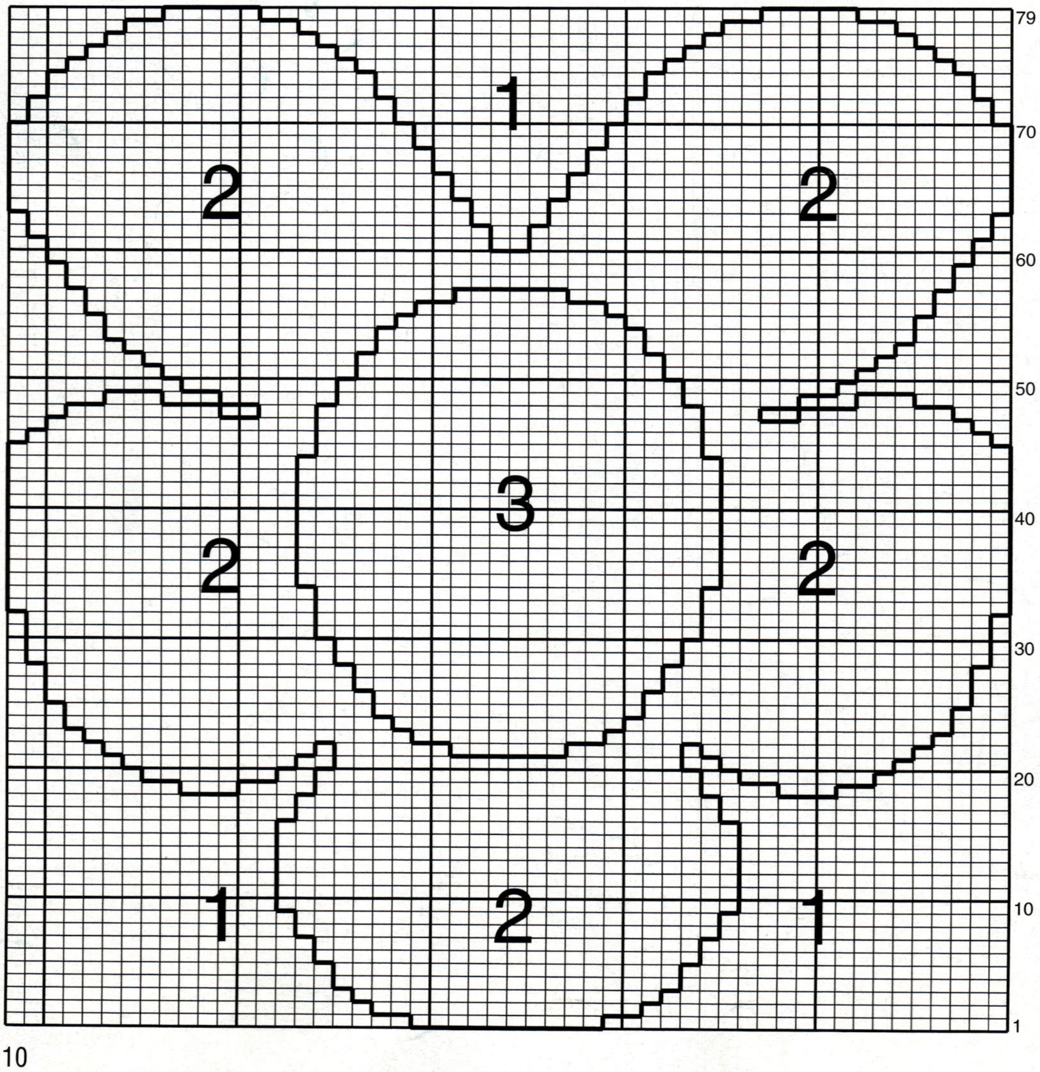

Zeichenerklärung zum Zählmuster
1 = Türkis 2 = Orange 3 = Gelb
1 Kästchen = 1 M und 1 R

Strand-vergnügen

Entwurf: Sabine Ruf

Entwurf: Renate Herrenknecht

Modell 9

Gestreifter Kinderpulli mit Kapuze

Größe: 116/122 (128/134) 140/146

Material: **200 (250) 300 g** Gelb meliert (Fb 22), **200 (200) 250 g** Grün meliert (Fb 70), **150 (200) 200 g** Orange meliert (Fb 23) und **100 (150) 200 g** Pistazie meliert (Fb 72) „Punto" (55 % Baumwolle, 45 % Polyacryl, LL = 90 m/50 g) von SCHACHENMAYR. 1 Paar PRYM-Schnellstrick-N Nr 4.

Im Fachhandel erhältlich oder zu bestellen bei: Lindner`s Textil- und Strickstüberl, Untere Römerstr. 37, 94550 Forsthart, Tel.: 08547/582, Fax: 08547/7130, e-mail: lindner@vilstal.net.

Kr re: Hin- und Rückr re M.

Grundmuster: ungerade M-Zahl. Lt Strickschrift arb. Es sind Hin- und Rückr gezeichnet. Mit 1 Rdm und der M vor dem MS beginnen, den MS stets wdh, enden mit den M nach dem MS und 1 Rdm. Die 1.-8. R stets wdh.

Streifenfolge: * je 24 R Gelb, Grün, Orange und Pistazie, ab * stets wdh.

Maschenprobe: 23 M und 40 R = 10 x 10 cm. Darauf achten, dass beim Grundmuster nur jede 2. R im M-Bild sichtbar ist.

Rückenteil: 66 (76) 84 M in Gelb meliert anschl und für die Blende 1 cm = 3 R kr re str, dabei mit 1 Rückr beginnen und in der letzten R gleichmäßig vert 17 M zun = 83 (93) 101 M. Danach im Grundmuster lt Streifenfolge weiterarb. Für die Armausschnitte nach 26 cm = 104 R (28 cm = 112 R) 30 cm = 120 R ab Blende beids 1 x 3 M, dann in jeder 2. R 1 x 2 und 4 x je 1 M abk = 65 (75) 83 M. Für die Schulterschrägungen nach 41 cm = 164 R (45 cm = 180 R) 49 cm = 196 R ab Blende beids 1 x 4 (5) 4 M abk, danach in jeder 2. R 1 x 4 und 3 x je 3 (4 x je 4) 4 x je 5 M abk. Gleichzeitig mit der 1. Schulterabnahme für den Halsausschnitt die mittl 19 (21) 23 M abk und beide Seiten getrennt beenden. Für die Rundung am inneren Rand in jeder 2. R 1 x 3, 1 x 2 und 1 x 1 M abk. Nach 43 cm = 172 R (47 cm = 188 R) 51 cm = 204 R ab Blende sind alle M aufgebraucht.

Vorderteil: Genauso, jedoch mit tieferem Halsausschnitt arb. Dafür bereits nach 37 cm = 148 R (41 cm = 164 R) 45 cm = 180 R ab Blende die mitt 13 (15) 17 M abk und in jeder 2. R 2 x je 2 und 3 x je 1 M, danach in jeder 4. R 2 x je 1 M abk.

Ärmel: 41 (45) 49 M in Gelb meliert anschl und für die Blende 1 cm = 3 R kr re str, dabei in der letzten R gleichmäßig vert 10 M zun = 51 (55) 59 M. Danach im Grundmuster lt Streifenfolge weiterarb. Gleichzeitig für die Ärmelschrägungen ab Blende beids 7 x abw in jeder 16. und 18. R (10 x abw in jeder 12. und 14. R) 12 x in jeder 12. R je 1 M mustergemäß zun = 65 (75) 83 M. Für die Armkugel nach 32 cm = 128 R (35 cm = 140 R) 38 cm = 152 R ab Blende beids 1 x 2 (3) 4 M, dann in jeder 2. R 1 x 2 (2) 3, 3 x je 1, 3 x je 2, 3 x je 3 und 1 x 3 (4) 5 M abk. Die restl 15 (21) 23 M nach 38 cm = 152 R (41 cm = 164 R) 44 cm = 176 R ab Blende abk.

Kapuze: Am Gesichtsrand beginnend 99 (103) 107 M in Gelb meliert anschl und für die Blende 1 cm = 3 R kr re str, dabei in der letzten R gleichmäßig vert 22 M zun = 121 (125) 129 M. Danach im Grundmuster lt Streifenfolge weiterarb. Für die Halsausschnittrundung nach 3 cm = 12 R (4 cm = 16 R) 5 cm = 20 R ab Blende beids je 1 M, dann in jeder 2. R 3 x je 1 M, in jeder 4. R 6 x je 1 M und in jeder 6. R 3 x je 1 M abk = 95 (99) 103 M. Dann in der 67. (71.) 75. R beids je 1 M und 12 x in jeder 2. R je 1 M abk. Gleichzeitig für die obere Kopfrundung nach 17 cm = 68 R (18 cm = 72 R) 19 cm = 76 R ab Blende die Mittel-M abk und beide Seiten getrennt beenden. Danach am inneren Rand in jeder 4. R 2 x je 1, in jeder 2. R 6 x je 1 und 2 x je 2 M abk. Die restl je 22 (24) 26 M nach 23 cm = 92 R (24 cm = 96 R) 25 cm = 100 R ab Blende abk.

Fertigstellung: Schulternähte schließen. Rückwärtige Kapuzennaht schließen und die Kapuze an den Halsausschnittrand nähen. Ärmel einsetzen, Seiten- und Ärmelnähte schließen.

Strickschrift

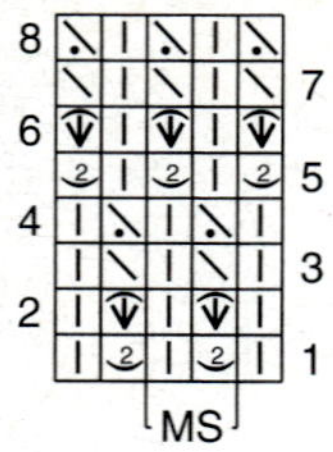

Zeichenerklärung zur Strickschrift

[I] = 1 M re

[\] = 1 M li abheben, dabei den Faden hinter der Arbeit langführen

[\] = 1 M li abheben, dabei den Faden vor der Arbeit langführen

[2] = 2 U und 1 M re str

[▽] = 1 M li abh, dabei den Faden vor der Arbeit führen und die 2 U der Vorr fallen lassen

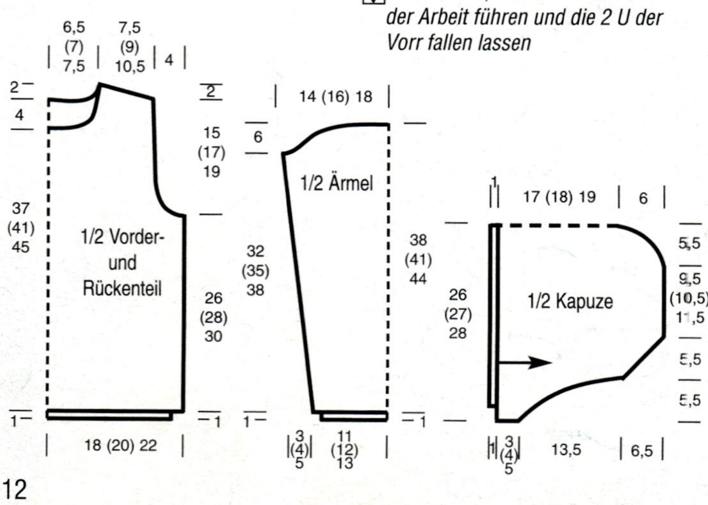

Modell 10 und 11

Kinderjäckchen mit Tasche

Größe: 116/122

Material: für die Jacke **250 g** Weiß-Orange meliert (Fb 0059) „Merlin" (74% Viskose, 26% Baumwolle, LL = 60 m/50 g) und **50 g** Orange (Fb 0159) „Twin-Lamé" (60% Baumwolle, 40% Polyacryl, LL = 85 m/50 g); für den Beutel **150 g** Orange (Fb 0159) „Twin-Lamé" und **50 g** Silber „Lamé" (60% Cupro, 40% met. Polyester, LL = 85 m/25 g). Alle Garne von LANG YARNS. Je 1 Paar ADDI-Schnellstrick-N Nr 5, Nr 6 und 7 eine ADDI-Rundstrick-N Nr 6 sowie 1 ADDI-Häkel-N Nr 5 und 5 Metallknöpfe in Herzform.

Gl re mit N Nr 6: Hinr re M, Rückr li M.

Kr re mit N Nr 6: Hin- und Rückr re M.

Grundmuster mit N Nr 7: M-Zahl teilbar durch 10 + 9 + 2 Rdm. Lt Strickschrift 1 arb. Es sind nur Hinr gezeichnet. In den Rückr alle M und U li str. Mit 1 Rdm und den M vor dem MS beginnen, den MS stets wdh, mit den M nach dem MS und 1 Rdm enden. Die 1.-16. R stets wdh.

Herzmotiv mit N Nr 5: Lt Strickschrift 2 arb. Es ist ein ganzes Motiv mit Hin- und Rückr gezeichnet. 3 M anschl, die Zunahmen stets nach bzw. vor der Rdm re verschr aus dem Querfaden herausstr, für die Abnahmen stets 2 M mustergemäß zusstr. In der 15. R die mittl M abk, und beide Seiten getrennt beenden. In der 16. R die M erst str, dann abk.

Maschenprobe im Grundmuster: 14 M und 22 R = 10 x 10 cm; **gl re:** 16 M und 24 R = 10 x 10 cm.

JACKE

Rückenteil: 51 M in Weiß-Orange meliert anschl und 1 Rückr re M str. Diese R zählt in der nachfolg Berechnung nicht mit. Im Grundmuster str. Für die Armausschnitte nach 21 cm = 46 R ab Anschlag beids 1 x 2 M abk, dann in jeder 2. R 1 x 2 und 2 x je 1 M abk = 39 M. Für den Halsausschnitt nach 36 cm = 80 R ab Anschlag die mittl 17 M abk und jede Seite getrennt gl re beenden. Für die Rundung am inneren Rand in der folg 2. R vor der Rdm noch 1 x 2 M re zusstr. Bei der re Schulterseite nach der Rdm 1 x 2 M re überzogen zusstr (= 1 M re abh, die folg M re str, dann die abgehobene M darüberziehen). Nach 38 cm = 84 R ab Blende die restl je 10 Schulter-M abk.

Li Vorderteil: 26 M in Weiß-Orange meliert anschl und 1 Rückr re M str. Dann im Grundmuster str, dabei mit der 9. R der Strickschrift beginnen, Rdm + die 6 M vor dem MS arb, den MS 1 x str, enden mit den 8 M nach dem MS und Rdm. Achtung: Nur ganze Motive mit hochgezogenen M arb, die restl M gl re str. Für den V-Ausschnitt nach 18 cm = 40 R ab Anschlag am li Arbeitsrand 1 M abk, dann 9 x in jeder 4. R je 1 M abk. Die Abnahmen für den Armausschnitt am re Arbeitsrand wie beim Rückenteil arb. Die restl 10 Schulter-M in Rückenteilhöhe abk.

Re Vorderteil: Ggl arb, dabei das Grundmuster in der gleichen Einteilung, jedoch mit der 1. R der Strickschrift beginnen.

Fortsetzung siehe Seite 14

Zeichenerklärung zu den Strickschriften

[+] = 1 Rdm

[I] = 1 M re

[–] = 1 M li

[U] = 1 Umschlag

[2] = 2 M re zusstr

[↓] = 1 Überzug: 1 M re abheben, 1 M re str und die abgehobene M darüberziehen

*[UU] = mit der re Nadel in den U der 1. bzw 9. R von vorn einstechen und 1 Schlinge holen, * 1 U, 1 Schlinge durch den U der 1. bzw 9. R holen, ab * noch 1 x wdh. Die 3 Schlingen und 2 U in der Rückr li abstr*

[↓] = die M bis zum darunterliegenden U fallen lassen

Strickschrift 2

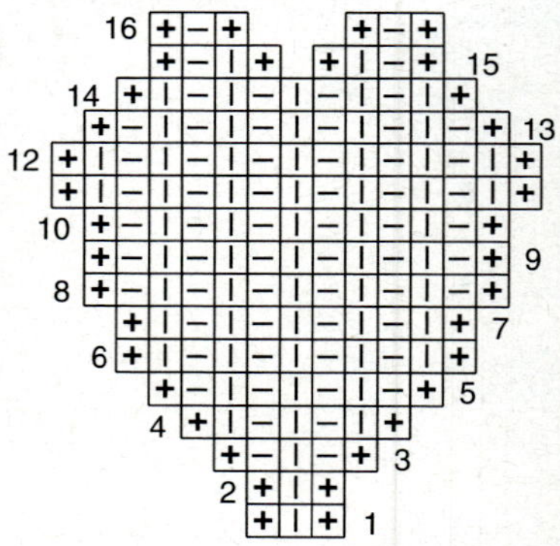

Strickschrift 1

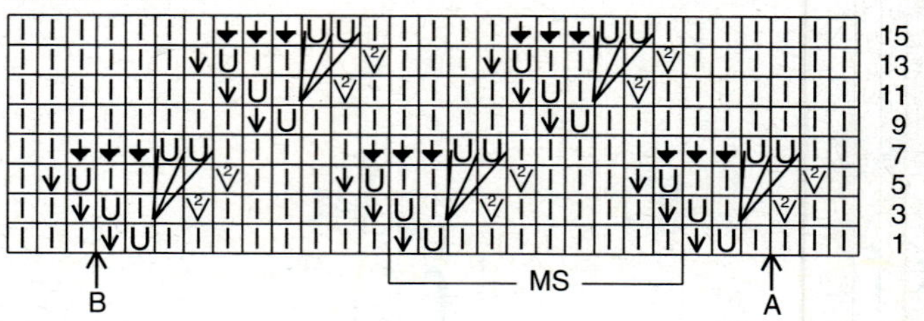

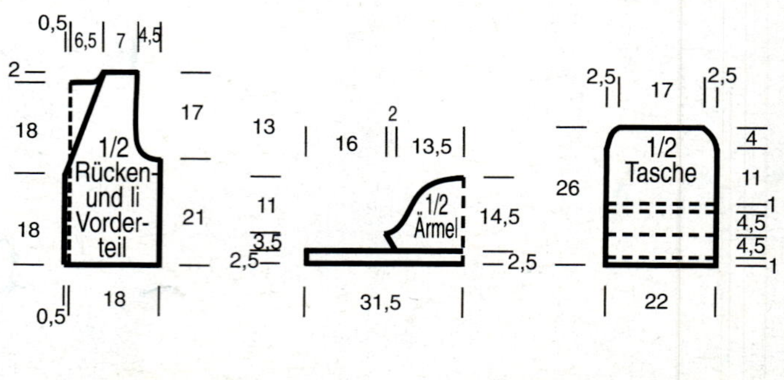

Ferienspaß

Entwürfe: Renate Herrenknecht

Fortsetzung zu Modell 11 von Seite 13
Ärmel: 101 M in Orange anschl und 1 Rückr re M str. Dann für die Rüsche 5 R gl re str und in der folg Rückr zwischen den Rdm jeweils 33 x 3 M re zusstr = 35 M. Dann im Grundmuster weiterstr, dabei nach der Rdm 1 M re verschr aus dem Querfaden zun und bei Pfeil A beginnen, den MS 2 x str, dann die M bis Pfeil B str, 1 M zun und mit 1 Rdm enden = 37 M. Gleichzeitig für die Ärmelschrägungen ab Rüsche beids 3 x in jeder 2. R je 1 M mustergemäß zun = 43 M. Für die Armkugel nach 3,5 cm = 8 R ab Rüsche beids 1 x 2 M abk, dann in jeder 2. R 1 x 2 M, 9 x je 1 und 1 x 2 M abk. Nach 14,5 cm = 32 R ab Rüsche die restl 13 M abk.
Fertigstellung: Schulternähte schließen. Mit der Rundstrick-N aus den geraden Vorderteilkanten und dem Halsausschnitt 136 M in Orange auffassen. Für die Blende 1 Rückr re M und 2 R gl re str, dabei in der 1. re Hinr in die re Vorderteilblende 5 Knopflöcher einarb, wie folgt: Rdm, 1 M re, * 1 U, 2 M re zusstr, 4 M re, ab * noch 3 x wdh, dann noch 1 U, 2 M re zusstr. Die U in der Rückr li str. Noch 2 R kr re str und die M in der folg R re abk. Ärmel einsetzen, Seiten- und Ärmelnähte schließen. Knöpfe annähen.

TASCHE
Ausführung: 35 M mit N Nr 6 in Orange anschl und 1 Rückr re M str. Für den Tunneldurchzug 2 R gl re und 2 R kr re str, dann für den Besatz 8 R gl re und 2 R kr re (= Umbruchkante und obere Taschenkante) str. Für die 1. Taschenseite 8 R gl re, 2 R kr re, 2 R gl re, 2 R kr re str. Mit N Nr 5 gl re weiterstr, dabei für die untere Rundung nach 26 R beids 1 x 1 M abk, dann noch 1 x in der folg 4. R und 2 x in jeder 2. R je 1 M abk = 27 M. Nach 36 R gl re für die untere untere Umbruchkante 2 R kr re str und die 2. Taschenseite ggl beenden, dabei werden Abnahmen zu Zunahmen. Nach der letzten Besatz-R alle M locker abk.
Fertigstellung: Tasche an der unteren Umbruchkante re auf re legen, Seitennähte schließen. Wenden. Besatz an der Umbruchkante nach innen legen und ansäumen. Tunneldurchzug oberhalb der kr re R mit Handstichen absteppen. Für die Bänder mit N Nr 6 in Orange je 140 M anschlagen, 1 Rückr und 1 Hinr re M str, dann die M re abk. Bänder an die Seitenkanten nähen, dabei diese innen am Besatz ansetzen. Die beiden losen Bänder-Enden zusammenknoten. Für das Durchzugsband doppelfädig in Silber eine ca. 100 cm lange Lftm-Kette häkeln und diese mit 1 R Kettm behäkeln. Band ab einer Seitenkante durch den Tunnelsaum ziehen. 3 Herzmotive doppelfädig in Silber str. Je 1 Herz an die Enden des Durchzugbandes nähen. Mit der Häkel-N am 3. Herzmotiv in der 15. R mittig in Silber anschlingen und eine ca. 15 cm lange Lftm-Kette häkeln. Die Lftm-Kette mit 1 Kettm am Durchzugsband ca. 10 cm oberhalb eines Herzmotivs anhäkeln.

Modell 8 von Seite 10

Kinderpulli mit Blume

Größe: 128/134
Material: 250 g Türkis (Fb 06) sowie **je 100 g** Orange (Fb 08) und Gelb (Fb 04) „Cotton Stretch" (70 % Baumwolle, 30 % Polyester, LL = 125 m/50 g) von ONLINE. 1 Paar ADDI-Schnellstrick-N und 1 ADDI-Rundstrick-N Nr 6.
Im Fachhandel erhältlich oder zu bestellen bei: Lindner`s Textil- und Strickstüberl, Untere Römerstr. 37, 94550 Forsthart, Tel.: 08547/582, Fax: 08547/7130, e-mail: lindner@vilstal.net.
Kr re in R: Hin- und Rückr re M; **in Rd:** abw je 1 Rd li und re M.
Gl re: Hinr re M, Rückr li M.
Blume (über 52 M): Lt Zählmuster gl re einarb, dabei für jede Fläche ein extra Knäuel verwenden und beim Farbwechsel die Fäden auf der Rückseite der Arbeit miteinander verkr, damit keine Löcher entstehen.
Hebemaschenmuster: gerade M-Zahl. Jede R beginnt und endet mit 1 Rdm. **Hinr:** * 1 M re, 1 M li abh, Faden liegt hinter der Arbeit, ab * stets wdh; **Rückr:** * 1 M li abh, Faden liegt vor der Arbeit, 1 M li, ab * stets wdh.
Streifenmuster: 8 R Türkis gl re, 2 R Gelb Hebemaschenmuster, 8 R Gelb gl re, 2 R Orange Hebemaschenmuster, 4 R Orange, 4 R Gelb gl re, 2 R Türkis Hebemaschenmuster, 12 R Türkis gl re, 4 R Orange gl re, 2 R Gelb Hebemaschenmuster, 8 R Gelb gl re, 2 R Türkis Hebemaschenmuster, 4 R Türkis gl re, 4 R Orange gl re, 2 R Gelb Hebemaschenmuster, 6 R Gelb gl re, 4 R Orange gl re, 2 R Türkis Hebemaschenmuster, 6 R Türkis gl re, 6 R Gelb gl re und 12 R Orange gl re = 104 R insg.
Maschenprobe gl re: 18 M und 28,5 R = 10 x 10 cm; **im Streifenmuster:** 18 M und 30,5 R = 10 x 10 cm.
Rückenteil: 72 M in Gelb anschl und für die Blende 3,5 cm = 13 R kr re str, dabei mit 1 Rückr beginnen. Danach gl re in Türkis weiterarb. Für die Armausschnitte nach 25 cm = 72 R ab Blende beids 1 x 2 M abk, danach in jeder 2. R 1 x 2 und 2 x je 1 M abk. Die restl 60 M nach 45 cm = 128 R ab Blende abk, dabei bilden die mittl 24 M den Halsausschnitt.
Vorderteil: Genauso, jedoch mit Blume und tieferem Halsausschnitt arb. Dafür nach 2 R ab Blende über den mittl 52 M die Blume einarb, danach über alle M in Türkis weiterarb. Für den Halsausschnitt bereits nach 41 cm = 116 R ab Blende die mittl 14 M abk und beide Seiten getrennt beenden. Für die Rundung am inneren Rand in jeder 2. R 1 x 2 und 3 x je 1 M abk. Die restl je 18 Schulter-M in Rückenteilhöhe abk.
Ärmel: 38 M in Orange anschl und für die Blende 3,5 cm = 13 R kr re str. Danach im Streifenmuster weiterarb. Gleichzeitig für die Ärmelschrägungen ab Blende beids 14 x in jeder 6. R und 2 x in jeder 4. R je 1 M farb- und mustergemäß zun = 70 M. Für die Armkugel nach 31,5 cm = 96 R ab Blende beids 1 x 7 M, dann in jeder 2. R 3 x je 7 M abk. Die restl 14 M nach 34 cm = 104 R ab Blende abk.
Fertigstellung: Schulternähte schließen. Aus dem Halsausschnittrand mit der Rundstrick-N in Türkis ca 64 M auffassen und 2 cm kr re str. Danach alle M abk. Ärmel einsetzen, Seiten- und Ärmelnähte schließen.

Zählmuster und Schnitt siehe Seite 10

Modell 12 bis 15

Jacke, Top, Rock und Dreiecktuch

Größe: 116/122 (128/134)
Material: für die Jacke **200 (250) g** und für das Dreiecktuch **100 g** Orange-bunt meliert (Fb 07) „Picnic" (100% Polyamid, LL = 70 m/50 g), für das Top und den Rock **250 (300) g** Orange (Fb 22) und **100 g** Gelb (Fb 04) „Cotton Stretch" (70% Baumwolle, 30% Polyester, LL = 125 m/50 g); beide Garne von ONLINE. Je 1 Paar ADDI-Schnellstrick-N Nr 5, Nr 6 und 7.
Im Fachhandel erhältlich oder zu bestellen bei: Lindner`s Textil- und Strickstüberl, Untere Römerstr. 37, 94550 Forsthart, Tel.: 08547/582, Fax: 08547/7130, e-mail: lindner@vilstal.net.
Rippenmuster A: 1 M re, 1 M li im Wechsel.
Rippenmuster B: M-Zahl teilbar durch 5 + 0 (4) + 2 Rdm. Rdm, 2 (4) M re, * 1 M li, 4 M re, ab * stets wdh, 1 M li, 2 (4) M re, Rdm. In den Rückr M str, wie sie erscheinen.
Kr re: Hin- und Rückr re M.
Gl re: Hinr re M, Rückr li M.
Querrippenmuster: * 8 (10) R gl re, 2 R kr re, 2 R gl re, 2 R kr re, 2 R gl re, 2 R kr re, ab * stets wdh.
Maschenprobe gl re mit „Picnic": 12 M und 21 R = 10 x 10 cm; **im Querrippenmuster mit „Cotton Stretch":** 17 M und 30 R = 10 x 10 cm; **gl re mit „Cotton Stretch":** 17 M und 27 R = 10 x 10 cm; **im Rippenmuster B mit „Cotton Stretch":** 19 M und 27 R = 10 x 10 cm.

JACKE
Achtung: Die Jacke wird in einem Stück über die Schultern hinweg gestrickt.
Ausführung: Für das **li Vorderteil** 54 (56) M in „Picnic" und Nr 7 anschl und für die Blende 1,5 cm = 3 R kr re str, dabei mit 1 Rückr beginnen. Danach in folg Einteilung weiterarb: Rdm, 50 (52) M gl re, 2 M kr re, Rdm. Nach 2 cm = 4 R ab Blende in folg Einteilung str: Rdm, 29 (31) M gl re, 23 M kr re, Rdm. Für das Band nach 4 cm = 8 R ab Blende am li Rand 1 x 24 M abk, dann für die Ausschnittschrägung am li Rand in jeder 2. R 2 x je 2 und 6 x je 1 M, danach in jeder 4. R 5 (3) x je 1 M und in jeder 6. R 1 (3) x je 1 M abk. Gleichzeitig für den Ärmel nach 12,5 cm = 26 R (14,5 cm = 30 R) ab Blende am re Rand 1 x 29 (32) M neu dazu anschl. Für die Ärmelblende am re Rand die äußeren 2 M kr re, die übrigen M wie bisher gl re str. Nach 25,5 cm = 54 R (29,5 cm = 62 R) ab Blende ist die Ärmel-Schulterlinie erreicht, nun die vorhandenen 43 (48) M stilllegen. Das **re Vorderteil** ggl arb. Danach die M beider Vorderteile mit einem Zwischenanschlag von 17 M für den rückwärtigen Halsausschnittrand auf die N nehmen und für das **Rückenteil** über alle 103 (113) M weiterarb. Dabei die äußeren je 2 M wie bisher kr re, die übrigen M gl re str. Für die Ärmel nach 13 cm = 28 R (15 cm = 32 R) ab Ärmel-Schulterlinie beids 1 x 29 (32) M abk = 45 (49) M. Nach 25,5 cm = 54 R (29,5 cm = 62 R) ab Ärmel-Schulterlinie für die Blende noch 1,5 cm = 4 R kr re str, danach alle M abk.
Fertigstellung: Seiten- und Ärmelnähte schließen.

TOP
Rückenteil: 51 (56) M mit „Cotton Stretch"/Orange und N Nr 5 anschl und für den Bund 2 cm im Rippenmuster A str. Danach mit N Nr 6 im Querrippenmuster weiterarb. Gleichzeitig für die Seitenschrägungen ab Bund beids 3 x in jeder 6. (8.) R je 1 M mustergemäß zun = 57 (62) M. Für die Armausschnitte nach 8,5 cm = 26 R (10 cm = 30 R) ab Bund beids 1 x 2 M, dann in jeder 2. R 1 x 2 M, 2 (3) x je 1 M und in jeder 4. R 2 x je 1 M abk = 41 (44) M. Nach 20,5 cm = 62 R (23,5 cm = 70 R) ab Bund für den Besatz 1 Hinr li M (= Bruchkante) und noch 7 R gl re str, danach alle M abk.
Vorderteil: Genauso arb.
Trägerband: 135 M mit „Cotton Stretch"/Gelb und N Nr 6 anschl und 5 R kr re str, dann alle M re abk.

Top

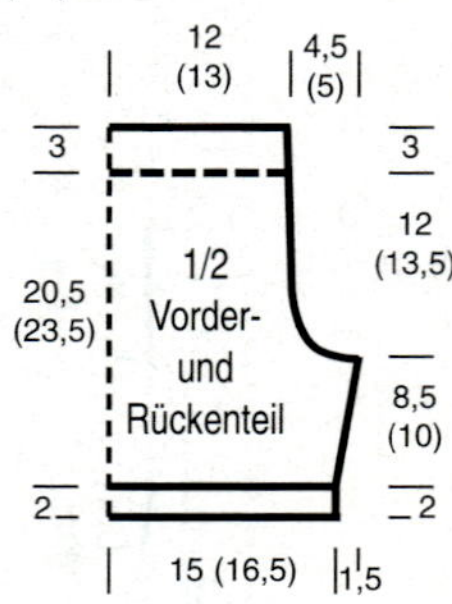

Rock

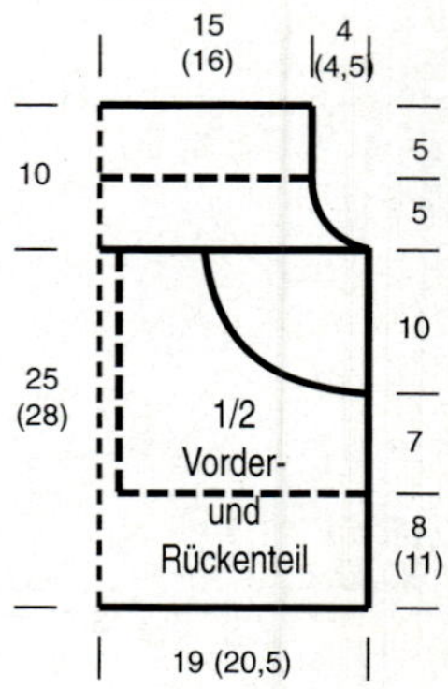

Jacke

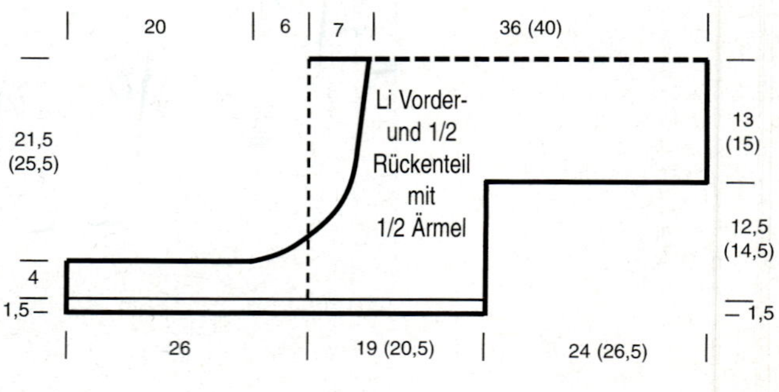

Fertigstellung: Seitennähte schließen. Den Besatz des Rücken- und Vorderteils entlang der Bruchkante nach innen säumen, die Schmalseiten offen lassen. Aus den Armausschnittkanten bis zur Bruchkante mit N Nr 6 in Gelb je 56 (61) M auffassen und 1 Rückr re M str, dann alle M re abk. Das Trägerband am Besatz des Rücken- und Vorderteils einziehen und das Band zur Rd schließen.

ROCK

Taschenbeutel (2 x arb): 30 (32) M mit „Cotton Stretch"/Orange und N Nr 6 anschl und gl re str. Nach 17 cm = 46 R ab Anschlag die M stilllegen.

Rückenteil: 65 (70) M mit „Cotton Stretch"/Gelb und N Nr 6 anschl und zuerst 1 Rückr re M str, diese R zählt in der nachfolg Berechnung nicht mit. Danach in Orange gl re weiterarb. Nach 25 cm = 68 R (28 cm = 76 R) ab Anschlag für den Taillenbund in Gelb im Rippenmuster B weiterarb, dabei in der 1. R gleichmäßig vert 8 (9) M abn = 57 (61) M. Nach 5 cm = 14 R Bundhöhe 1 Hinr li M (= Bruchkante), dann noch 13 R gl re str, dabei in der 1. R gleichmäßig vert 6 M abn = 51 (55) M. Danach alle M abk.

Vorderteil: Genauso arb, jedoch mit Taschen. Für die Tascheneingriffe nach 15 cm = 40 R (18 cm = 48 R) ab Anschlag beids 1 x 4 (6) M, dann in jeder 2. R 1 x 3, 4 x je 2 und 7 x je 1 M abk = 21 (22) M. Nach 25 (28) cm ab Anschlag = in der 68. (76.) R (= Rückr) die Taschenbeutel wie folgt einfügen: Die ersten 22 (24) M des 1. Taschenbeutels li abstr, die folg 8 M dieses Taschenbeutels jeweils mit 8 M des Rockteils li zusstr, 5 (6) M des Rockteils li abstr, danach 8 M des 2. Taschenbeutels jeweils mit 8 M des Rockteils li zusstr und die letzten 22 (24) M des 2. Taschenbeutels li abstr. Danach den Taillenbund wie beim Rückenteil str, jedoch für den Banddurchzug 2 Knopflöcher arb. Dafür in der 9. Bund-R die ersten 24 (26) M str, 2 M re zusstr, 1 U, 5 M str, 1 U, 2 M überzogen zusstr, 24 (26) M str.

Taillenband:
120 (126) M mit „Cotton Stretch"/ Orange und N Nr 6 anschl und 1 Rückr re M str, dann alle M re abk.

Fertigstellung: Aus den Tascheneingriffsrändern mit N Nr 6 in Gelb je 31 (33) M auffassen und 1 Rückr re M str, dann alle M re abk. Vorderteil abbildungsgemäß oder nach eigener Fantasie mit „Picnic" besticken. Seitennähte schließen und Taschenbeutel befestigen. Taillenbund entlang der Bruchkante nach innen säumen und Taillenband einziehen.

DREIECKTUCH

Ausführung: 98 M mit „Picnic" und N Nr 7 anschl und gl re str. Gleichzeitig für die Seitenschrägungen nach 2 R ab Anschlag beids in jeder 2. R * 1 x 2 M und 1 x 1 M abn, ab * noch 15 x wdh, dabei wie folgt abn: Am re Arbeitsrand bei 2 M Abnahme nach der Rdm 3 M überzogen zusstr (= 1 M re abh, folg 2 M re zusstr, dann die abgehobene M darüberziehen), bei 1 M Abnahme nach der Rdm 2 M überzogen zusstr (= 1 M re abh, folg M re str, dann die abgehobene M darüberziehen); am li Arbeitsrand bei 2 M Abnahme vor der Rdm 3 M re zusstr, bei 1 M Abnahme vor der Rdm 2 M re zusstr. Nach 31 cm = 66 R ab Anschlag die restl 2 M abk.

Urlaubs-Outfit

13
Größe 110/116 und 128/134
Entwurf: Heide Opitz

Modell 16

Pulli mit Streifenmusterpasse

Größe: 116/122 [128/134] 140/146
Eine Zahl allein gilt für alle Größen.

Material: „Jazz" von Schachenmayr (50 % Baumwolle, 50 % Polyacryl, LL = 125 m/50 g; maschinenwaschbar Schonwaschgang 40°): 200 [200] 250 g Türkis Fb 65, 150 [150] 200 g Hellgrün Fb 75, je 50 g Gelb Fb 25, Weiß Fb 01 und Schwarz Fb 99. PRYM-Stricknadeln Nr. 4. Das angegebene Garn ist im Fachhandel erhältlich oder als Garnpaket für € 27,50 (27,50) 33,00 zzgl. Porto zu bestellen bei: Heide Opitz, Dickswall 4, 45468 Mülheim/Ruhr, Tel 0208/360906 oder 0211/282083, Fax 0211/299447.

Kraus rechts: Hin- und Rück-R re M.

Glatt rechts: Hin-R re M, Rück-R li M.

Glatt links: Hin-R li M, Rück-R re M.

Rippenmuster: Hin-R: re M, **Rück-R:** 1 M re, 1 M li im Wechsel.

Streifenfolge: *je 4 R Schwarz, Hellgrün, Türkis, Weiß und Gelb, ab * fortl wdh.

Maschenprobe: glatt re und glatt li: 21 M und 29 R = 10 x 10 cm; im Rippenmuster: 21 M und 27 R = 10 x 10 cm.

Rückenteil: In Türkis 87 [95] 103 M anschlagen und für die Blende 10 R (= 2,5 cm) kraus re str. In folgender Einteilung weiterstr: Rand-M, 5 M kraus re, 75 [83] 91 M glatt re, 5 M kraus re, Rand-M. Nach 22 R ab Blende in jeder Hin-R die glatt re M beidseitig um 1 M erweitern und die kraus re M entsprechend um 1 M reduzieren. Nach 32 [36] 40 R ab Blende noch 30 [34] 38 R glatt li, 30 [34] 38 R glatt re str und 44 R in der Streifenfolge im Rippenmuster str. Dann alle M abk = 48 [52,5] 56,5 cm ab Blende.

Vorderteil: Wie Rückenteil beginnen, jedoch bereits nach 12 R ab Blende in jeder Hin-R die glatt re M beidseitig um 1 M erweitern und die kraus re M entsprechend um 1 M reduzieren. Nach 22 [26] 30 R ab Blende noch 30 [34] 38 R glatt li, 30 [34] 38 R glatt re str und 44 R in der Streifenfolge im Rippenmuster str. Für der Halsausschnitt in der letzten R des 2. schwarzen Streifens die mittl 7 M abk und beide Seiten getrennt beenden. Für die Ausschnittschrägung in jeder Hin-R 10 x 2 M abnehmen wie folgt: am li Ausschnittrand vor der Rand-M 3 M re zusstr, am re Ausschnittrand nach der Rand-M 1 M abheben, 2 M re zusstr und die abgehobene M darüber ziehen. Nach der letzten R der Streifenfolge = 44,5 [49] 53 cm ab Blende die restl 20 [24] 28 Schulter-M abk.

Ärmel: In Türkis 40 [44] 48 M anschlagen und für die Blende 10 R kraus re str. Dann 24 R in der Streifenfolge im Rippenmuster weiterstr, dabei in der 1. R gleichmäßig verteilt 7 M zunehmen = 47 [51] 55 M. Gleichzeitig für die Ärmelschrägungen in jeder 4. [4.] 6. R beidseitig 6 [5] 4 x 1 M zunehmen. In Hellgrün 30 [34] 38 R glatt re, dann weiter glatt li str, dabei für die Ärmelschrägungen in jeder 6. R beidseitig noch 9 [10] 11 x 1 M zunehmen = 77 [81] 85 M. Nach 30 [32] 34 cm ab Blende alle M abk.

Fertigstellung: Teile laut Schnitt spannen und mit feuchten Tüchern bedeckt trocknen lassen. Aus den Schrägen des vorderen Halsausschnitts in Schwarz je 21 M auffassen und 7 R kraus re str. M abk. Die Blenden li über re an der geraden Ausschnittkante festnähen. Schulternähte schließen. Ärmel annähen, Ärmelmitte an der Schulternaht anlegen. Seiten- und Ärmelnähte schließen, an den Seitennähten für die Schlitze die unteren 10 bzw. 13,5 cm offen lassen (siehe auch Schnitt).

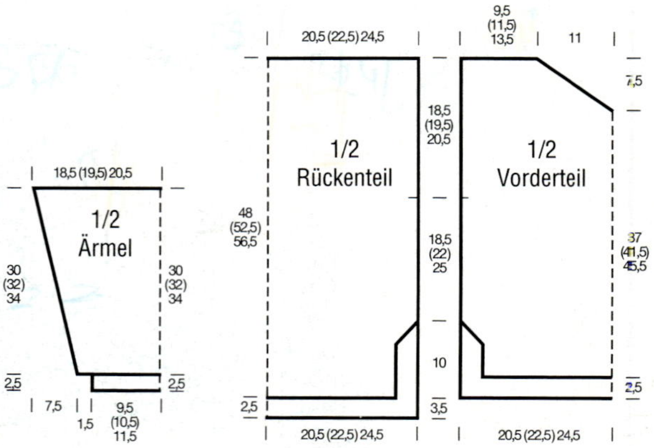

Ringel-passe

Entwurf: Heide Opitz

Lausbuben-Charme

Entwurf: Lang

Modell 17

Collegepulli mit V-Ausschnitt

Größe: 92/98 [104/110] 116/122
Eine Zahl allein gilt für alle Größen.

Material: „Delta" von Lang (50 % Baumwolle, 50 % Microfaser, LL = 123 m/50 g; maschinenwaschbar Schonwaschgang 40°): 150 [200] 200 g Dunkelblau Fb 35, je 50 g Weiß Fb 01, Hellblau Fb 20 und Rot Fb 61. PRYM-Stricknadeln Nr. 3,5 und 4, eine 40 cm lange Rundstricknadel Nr. 3,5.

Im Fachhandel erhältlich oder zu bestellen bei: Lindner`s Textil- und Strickstüberl, Untere Römerstr. 37, 94550 Forsthart, Tel.: 08547/582, Fax: 08547/7130, e-mail: lindner@vilstal.net.

Rippenmuster: Hin-R: Rand-M, 2 M re, *3 M li, 3 M re, ab * fortl wdh, enden mit 3 M li, 2 M re, Rand-M. **Rück-R:** M str, wie sie erscheinen.

Glatt links: Hin-R li M, Rück-R re M.

Streifenfolge: 2 R Weiß, 2 R Hellblau, 4 R Dunkelblau, 6 R Weiß, je 2 R Hellblau, Rot, Dunkelblau und Weiß.

Maschenprobe: mit Nadeln Nr. 4 glatt li: 21 M und 29 R = 10 x 10 cm.

So wird es gemacht:

Rückenteil: Mit Nadeln Nr. 3,5 in Dunkelblau 69 [75] 81 M anschlagen und für den Bund 3 cm im Rippenmuster str. Dann mit Nadeln Nr. 4 glatt li in der Streifenfolge str, danach in Dunkelblau weiterstr. Nach 22 [24] 26 cm ab Anschlag für die Armausschnitte beidseitig 1 x 2 M abk, dann in jeder 2. R 4 x 1 M und in jeder 4. R 2 x 1 M abk = 53 [59] 65 M. Nach 34 [37,5] 40,5 cm ab Anschlag für die Schulterschrägung 1 x 5 [6] 7 M, dann in jeder 2. R 2 x 4 [5] 6 M abk. Gleichzeitig mit Beginn der Schulterschrägung für den Halsausschnitt die mittl 19 M abk und beide Seiten getrennt beenden. Für die Ausschnittrundung in der folgenden 2. R noch 1 x 4 M abk. Nach 35,5 [39] 42 cm ab Anschlag sind alle M aufgebraucht.

Vorderteil: Wie Rückenteil str, jedoch mit V-Ausschnitt. Dafür nach 24 [27,5] 30,5 cm ab Anschlag die mittl M abk und beide Seiten getrennt beenden. Für die Ausschnittschrägung in jeder 2. R 7 x 1 M, dann abwechselnd in jeder 4. und 2. R 6 x 1 M abk.

Ärmel: Mit Nadeln Nr. 3,5 in Dunkelblau 33 [39] 39 M anschlagen und für den Bund 3 cm im Rippenmuster str. Dann mit Nadeln Nr. 4 glatt li in der Streifenfolge str, danach in Dunkelblau weiterstr. Für die Ärmelschrägungen ab Bund beidseitig in jeder 6. R 9 x 1 [abwechselnd in jeder 6. und 8. R 9 x 1] in jeder 6. R 11 x 1 M zunehmen = 51 [57] 61 M. Nach 22 [25] 28 cm ab Anschlag für die Armkugel beidseitig 1 x 2 M abk, dann in jeder 2. R *1 x 2 M und 1 x 1 M abk, ab * noch 4 x wdh, 1 x 2 M abk. In der folgenden R die restl 13 [19] 23 M abk = 30 [33] 36 cm Gesamthöhe.

Fertigstellung: Teile laut Schnitt spannen und mit feuchten Tüchern bedeckt trocknen lassen. Für die senkrechten „Weblinien" bei der Streifenfolge aller Teile dunkelblaue Fäden einziehen, dabei die Fäden jeweils über und unter 1 R herführen. Diese Linien liegen jeweils über der 1. und 3. li M des Rippenmusters. Nähte schließen, Ärmel in die Armausschnitte nähen. Mit der Rundstricknadel aus dem Halsausschnitt in Dunkelblau 93 M auffassen, dabei in der Ausschnittspitze beginnen und enden. 3 cm im Rippenmuster in R str. M abk. Blende in der Ausschnittspitze re über li legen, Schmalkanten annähen.

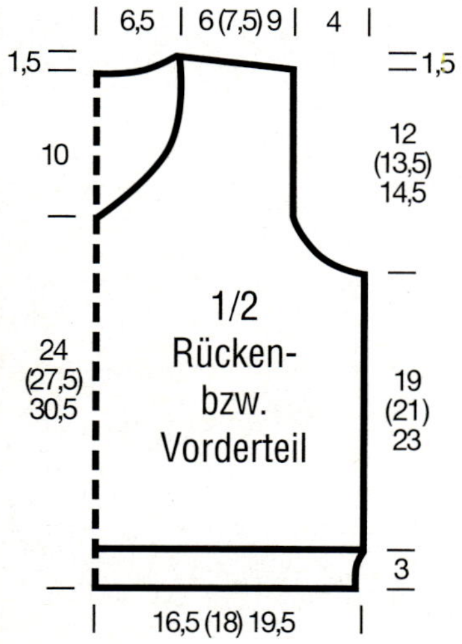

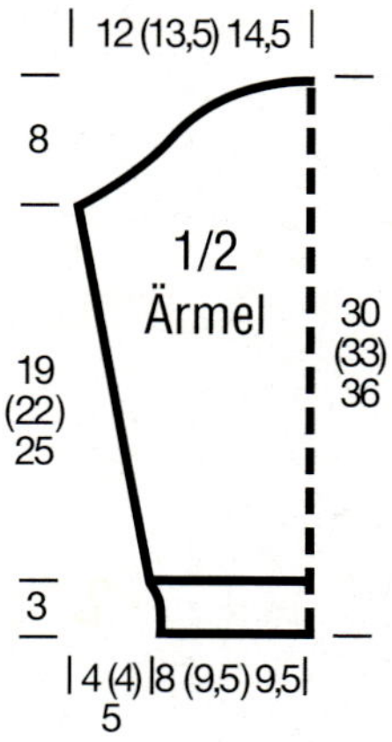

Kreuzanschlag

Der Anschlag wird mit doppeltem Faden gearb. Dafür wird ein Zusatzfaden benötigt, der mindestens doppelt so lang sein muss, wie der Anschlagrand ausfallen soll. Zunächst die Anfangsschlinge arb. Dafür die Mitte des Zusatzfadens zus mit dem Knäuelfaden fassen und die Anfangsschlinge ausführen. Danach den vom Knäuel kommenden einfachen Faden normal um den Zeigefinger legen und unter den Fingern durchführen (= Zeigefingerfaden). Den (doppelten) Zusatzfaden von außen nach innen um den Daumen führen und mit dem Zeigefingerfaden unter den übrigen Fingern festhalten (= Daumenfaden). Nun die 1. M normal anschl, d.h. die N von außen nach innen um den Daumenfaden herumführen, den Zeigefingerfaden durchholen und M anziehen. Für die 2. M den Daumenfaden loslassen und von innen nach außen um den Daumen herumlegen. Nun die N unter dem innen liegenden Daumenfaden durchführen, den Zeigefingerfaden durchholen und M anziehen. Diesen Wechsel stets wdh. Nach der Anschlag-R stets 1 Rückr li M str.

Modell 18

Naturfarbener Raglan-Pulli mit Polokragen

Größe: 134 (146) 158
Die abweichenden Angaben der größeren Größen stehen in Klammern bzw. hinter den Klammern.
Material: Von Gedifra **550 (600) 650 g Natur** Fb 3104 „Marokko" (55 % Baumwolle, 45 % Polyacryl, LL 90m/50g), PRYM-Stricknadeln 4,5 und 5, eine Rund-N 4,5 sowie von Veno ein durchsichtiger Reißverschluss von 15 cm Länge.
Im Fachhandel erhältlich oder zu bestellen bei: Lindner`s Textil- und Strickstüberl, Untere Römerstr. 37, 94550 Forsthart, Tel.: 08547/582, Fax: 08547/7130, e-mail: lindner@vilstal.net.
STRICKMUSTER:
Bundmuster mit N 4,5: 4 M re, 4 M li im Wechsel.
Glatt re mit N 4,5: Hin-R re M, Rück-R li M str.
Zopfmuster über 31 M mit N 5: Lt Strickschrift str. Es sind die Hin-R gezeichnet. In den Rück-R die M str, wie sie erscheinen. Den MS und die 1. – 16. R stets wdh.
Raglanabnahmen: Am re Rand: Rand-M, 2 M re, 1 **bzw.** 2 M abh, 1 M re, die abgehobenen M überziehen; am li Rand: 2 **bzw.** 3 M re zusstr, 2 M re, Rand-M.
Maschenprobe: Im Zopfmuster sind 20,5 M und 24 R = 10 x 10 cm.
Rückenteil: 98 (106) 114 M anschl und 6 cm im Bundmuster str, dabei in der letzten R verteilt 7 M zun. Weiter zwischen den Rand-M im Zopfmuster str, beginnend bei Pfeil A (B) C. 24 (28) 32 cm ab Bund für die Raglanschräge beids 1 x 1 M abk, folgend in jeder 2. R 19 (18) 17 x 1 M und 10 (12) 14 x 2 M wie beschrieben abn. 49 (54) 59 cm ab Bund die restl M gerade abk.
Vorderteil: Ebenso str, jedoch mit Schlitz und Halsausschnitt. 37 (42) 47 cm ab Bund für den Schlitz die mittl M abk. Die Seiten getrennt beenden. 42 (47) 52 cm ab Bund für den Halsausschnitt am inneren Rand 1 x 4 (4) 5 M und in jeder 2. R 1 x 3 M, 2 x 2 M und 1 (2) 2 x 1 M abk. In Rückenteilhöhe sind alle M abgenommen.
Ärmel: Je 42 M anschl und 6 cm im Bundmuster str, dabei in der letzten R verteilt 5 M zun. Weiter zwischen den Rand-M im Zopfmuster str, beginnend bei Pfeil D. Für die Ärmelschräge beids in jeder 4. R 21 (22) 23 x 1 M und in jeder 2. R 1 (3) 5 x 1 M mustergemäß zun. 37 (40) 43 cm ab Bund beids die Raglanschräge wie beim Rückenteil arb. 62 (66) 70 cm ab Bund die restl M gerade abk.
Fertigstellung: Raglannähte schließen. Seiten- und Ärmelnähte schließen. Aus dem Halsausschnitt mit der Rund-N 62 (70) 78 M aufn und 10 cm im Bundmuster. Die M abk. Für den Reißverschluss-Beleg 10 M anschl und zwischen den Rand-M glatt re str. 2 cm ab Anschlag die M in der Mitte teilen und die Seiten getrennt beenden. 17 cm ab Anschlag die M abk. Reißverschluss an die offenen Schlitz- bzw. Kragenkanten nähen. Beleg von innen gegennähen.

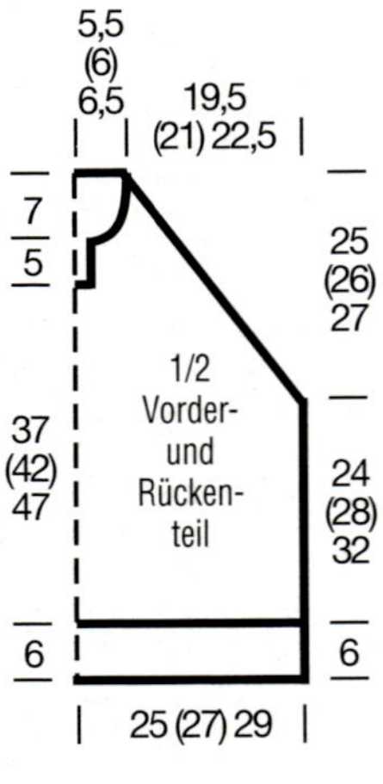

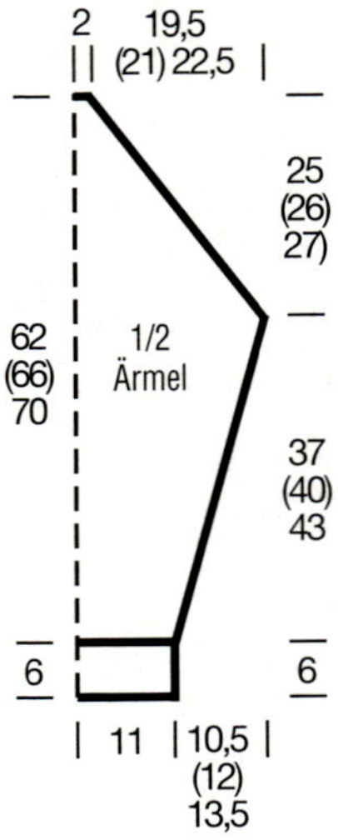

Zopfmuster über 31 M:

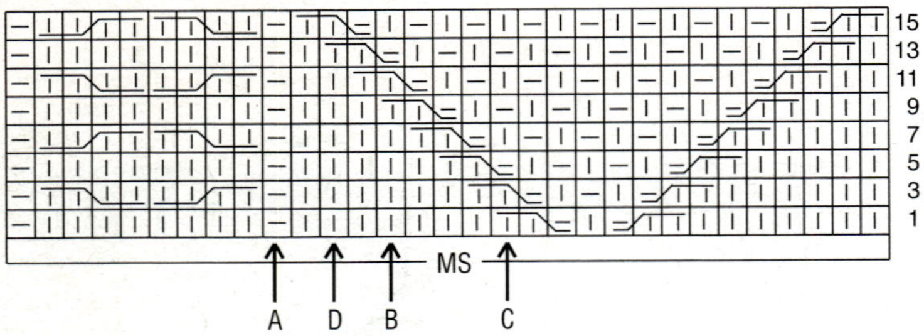

ZEICHENERKLÄRUNG:

= 1M re *= 1M li*

= 3 M nach re verkr re/li: 1 M auf eine Zopf-Nd hinter die Arbeit legen, 2 M re und die M der Zopf-Nd li str

= 3 M nach li verkr li/re: 2 M auf eine Zopf-Nd vor die Arbeit legen, 1 M li und die M der Zopf-Nd re str

= 4 M nach re verzopfen re: 2 M auf eine Zopf-Nd hinter die Arbeit legen, 2 M re und die M der Zopf Nd re str

= 4 M nach li verzopfen re: 2 M auf eine Zopf-Nd vor die Arbeit legen, 2 M re und die M der Zopf Nd re str

Strickschrift zu Modell 1 von Seite 2/3

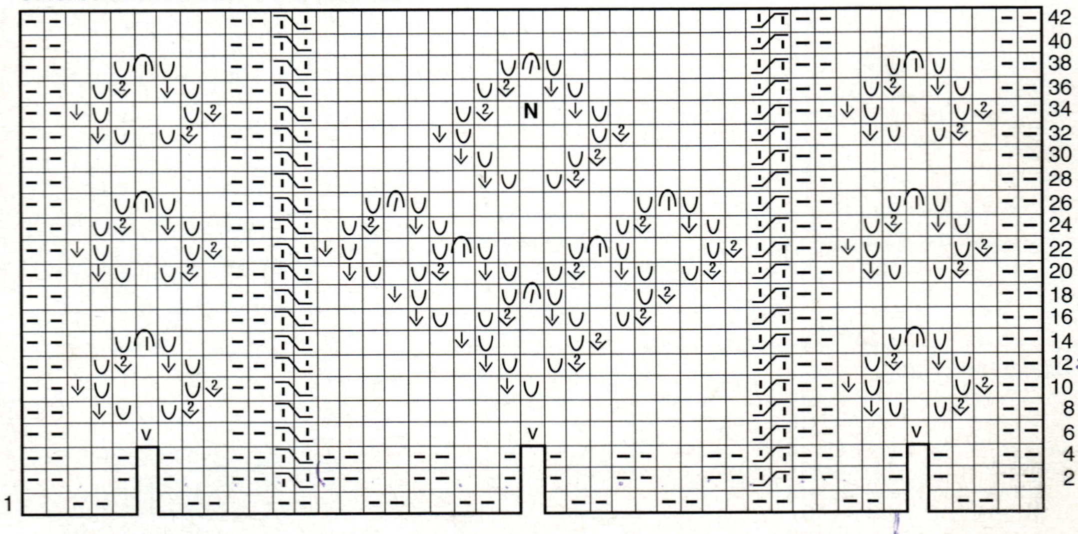

ZEICHENERKLÄRUNG:

= 1 M re
= 1 M li
= 1 M zunehmen
= 1 Umschlag
= 2 M re zusstr.

= 2 M überzogen zusstr.: 1 M wie zum Rechtsstr. abheben, die folgende M re str. und die abgehobene M darüberziehen

= 3 M überzogen zusstr.: 2 M zusammen wie zum Rechtsstr. abheben, die folgende M re str. und die beiden abgehobenen M darüberziehen

= 2 M nach rechts verkreuzen: die 2. M vor der 1. M re str., dann die 1. M re str.

= 2 M nach links verkreuzen: die 2. M hinter der 1. M re str., dann die 1. M re str.

N *= 1 Noppe: Aus 1 M 1 M re, 1 U, 1 M re, 1 U und 1 M re herausstr. = 5 M, wenden, 5 M li, wenden, 5 M re, wenden, 5 M li, wenden, dann 2 x 2 M re zusstr. und 1 M re str., danach die 2. und 1. M über die 3. M ziehen*

Sportiv für Jungs

Entwurf: Dagmar Scholz

Modell 19

Pulli mit Blumenmotiven

Größe: 122 (128/134) 140
Material: 350 (400) 450 g Zartgelb (Farbe 5) „Mirabelle" (100% Baumwolle, LL = 142 m/50 g) von AUSTERMANN. PRYM-Rundstrick-N Nr 3 und 4, PRYM-Häkel-N Nr 3 und 3,5.
Im Fachhandel erhältlich oder als Garnpaket zu bestellen bei WOLL- UND STRICKSTUDIO RUTH KINDLA, Jochensteinstr 6, 90480 Nürnberg, Tel+Fax 0911/400657; für DM 34,65 (39,60) 44,55 zuzüglich Porto + Nachnahme. Auf Wunsch wird das Modell farblich umgestellt und/oder gestrickt. Preis auf Anfrage.
Rippenmuster mit N Nr 3: 1 M re, 1 M li im Wechsel
Die folg Muster mit N Nr 4 str!
Gl re: Hin-R re, Rück-R li
Gl li: Hin-R li, Rück-R re
Passenmuster:
1. R: *3 M re, 2 Schlaufen-M = 1 U, 2 M re, den U über die beiden M ziehen; 2 M re, ab * wdh
2.-6.+8.-12. R: gl re
7. R: 2 Schlaufen-M, 5 M re, ab * wdh
Die 1.-12. R stets wdh.
Lochmuster:
Hin-R: *1 M li, 1 U, 2 M li zusammenstr, ab * wdh
Rück-R: M und U re
Loch über 2 M:
1. R: 1 U, 2 M li zusammenstr
2.-4. R: gl li
Die 1.-4. R stets wdh.
Blume 1 bzw 2 über 19 bzw 12 M: lt Strickschrift 1 **bzw** 2
Blumenmuster 1 bzw 2 über 19 bzw 12 M: 4 R gl li, 48 **bzw** 50 R Blume 1 **bzw** 2, 2 **bzw** 0 R gl li
Mustereinteilung 1: *Rdm, 1 (1) 0 M gl li, 2 M Loch, 4 (6) 6 M gl li, 19 M Blumenmuster 1, 4 (6) 9 M gl li, 2 M Loch**, 10 (11) 13 M gl li, 12 M Blumenmuster 2, 9 (11) 12 M gl li, von ** bis * enden
Mustereinteilung 2: *Rdm, 1 (1) 0 M gl li, 2 M Loch, 8 (9) 9 M gl li, 12 M Blumenmuster 2, 7 (10) 13 M gl li, 2 M Loch**, 6 (8) 9 M gl li, 19 M Blumenmuster 1, 6 (7) 9 M gl li, von ** bis * enden
Musterfolge Vorderteil: 2 R gl li, 2 R Lochmuster, bei der **3. Größe** mit 1 U beginnen; 54 R Mustereinteilung 1, 2 R Lochmuster beginnend wie zuvor, 54 R Mustereinteilung 2, 2 R gl li, 2 R Lochmuster beginnend wie zuvor, 2 R gl li, im Passenmuster enden
Musterquadrat Ärmel über 41 M:
1.+2., 61.+62. R: Lochmuster, beginnend mit 1 U
3.-60. R: 2 M Loch, 37 M gl li, dabei ab 5. R über den mittl 19 M Blume 1; arb 2 M Loch

ZEICHENERKLÄRUNG:

□ = *1 M re* ⊟ = *1 M li*
U = *1 Umschlag*
⊿ = *2 M re zusammenstr*
⊾ = *1 einf Überzug: 1 M re abheben, 1 M re, die abgehobene M überziehen*
⨯ (über 8 M) = *über diese 8 M getrennt 6 R gl re str, M auf 1 Hilfs-N legen und N 1x nach re drehen (li M erscheinen auf der Vorderseite), M auf die re N zurücklegen*

Strickschrift 1

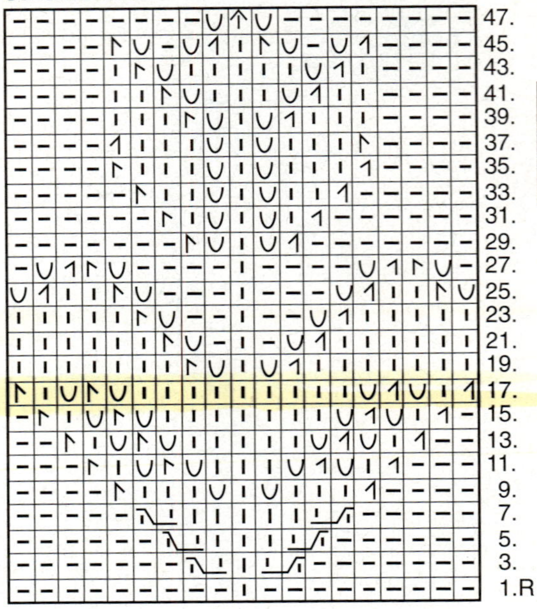

In den Rück-R die M str, wie sie erscheinen, U li.

Strickschrift 2

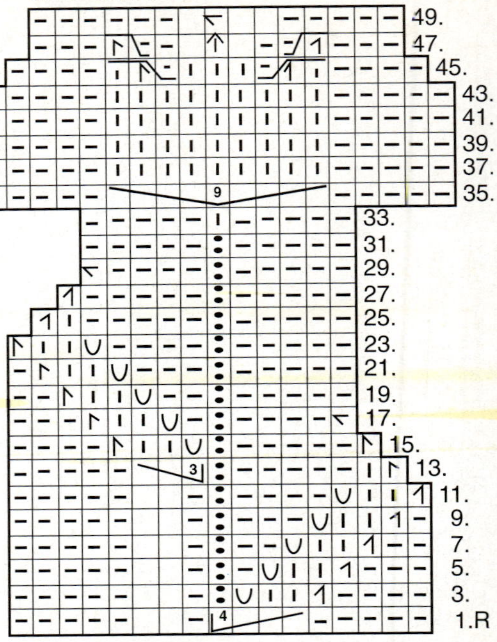

In den Rück-R die M str, wie sie erscheinen, re verschr M li verschr und U li.

Maschenproben! Im Passenmuster: 23,5 M + 30,5 = 10 x 10 cm; **im Mustermix:** 33,5 R = 10 cm
Vorderteil: Anschlag 101 (108) 115 M und 2 cm Rippenmuster str. In der Musterfolge weiterarb. In 41 (42) 44 cm Gesamthöhe für den Halsausschnitt die mittl 17 (16) 17 M abk und beide Seiten getrennt beenden. Am Halsrand in jeder 2. R 1 x 4, 1 x 3, 2 x 2, 2 x 1 und restl M in 45,5 (46,5) 48,5 cm Gesamthöhe abk.
Rücken ebenso arb, jedoch in der Musterfolge Mustereinteilung 1 und 2 vertauschen. In 43 (44) 46 cm Gesamthöhe die mittl 17 (16) 17 M und am Halsrand in jeder 2. R 1 x 7, 1 x 4 und 1 x 2 M abk.
Ärmel: Anschlag je 36 M und 4 cm Rippenmuster str, dabei in der letzten R verteilt auf 63 M + 2 Rdm zunehmen. Gl li weiterarb, dabei nach 8 (8,5) 9 cm über den mittl 41 M das Musterquadrat arb und gl li enden. Für die Ärmelschräge beids M gl li zunehmen: für **1. Größe** abw in jeder 8.+10. R 7 x 1 und in jeder 8. R 4 x 1, für **2. Größe** in jeder 8. R 11 x 1 und in jeder 6. R 2 x 1, für **3. Größe** abw in jeder 6.+7. R 16 x 1 M. In 34,5 (35,5) 36,5 cm Gesamthöhe alle M abk.
Fertigstellung: Schulternähte schließen. Aus dem Halsausschnitt entsprechend M herausstr und nach 2 cm Rippenmuster die M abk. Ärmel auf Mitte legen und ansetzen. Restl Nähte schließen. Alle Kanten mit 1 Rd Mausezähnchen umhäkeln = *1 fM, 2 Lftm, 1 fM in die fM, 1 M übergehen, ab * wdh.

ZEICHENERKLÄRUNG:

□ = 1 M re
⊟ = *1 M li*
⁝ = *1 M re verschr*
U = *1 Umschlag*
⊿ = *2 M re zusammenstr*
⊲ = *2 M li zusammenstr*
⊾ = *1 einf Überzug: 1 M re abheben, 1 M re, die abgehobene M überziehen*
⇑ = *1 dopp Überzug: 2 M zusammen li abheben, 1 M re, die abgehobenen M überziehen*
bzw. = *die 2. vor **bzw** hinter der 1. M re, die 1. M re*
bzw. = *1 M auf 1 Hilfs-N hinter die Arb legen, 2 M re zusammenstr **bzw** 1 M re + 2 M re zusammenstr; die M der Hilfs-N li*
bzw. = *2 **bzw** 3 M auf 1 Hilfs-N vor die Arb legen, 1 M li, die M der Hilfs-N wie folgt: mit den M 1 einf Überzug arb **bzw** 1 einf Überzug + 1 M re*
3 = *aus 1 M 3 M herausstr = 1 M re, 1 U, 1 M re*
4 = *aus 1 M 4 M herausstr = 1 M re, 1 U, 1 M re, 1 M re verschr*
9 = *aus 1 M 9 M herausstr = abw 1 M re + 1 U*
□ = *keine M*

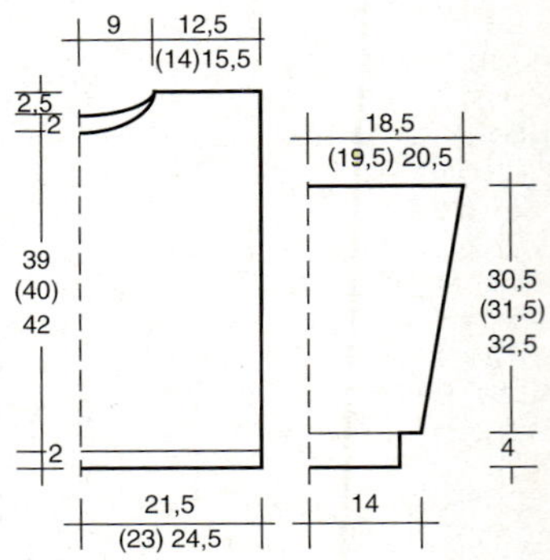

1/2 Vorder- u. Rückenteil 1/2 Ärmel

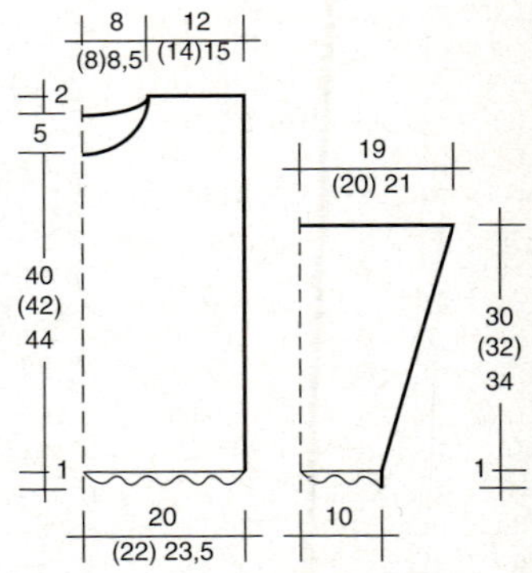

1/2 Vorder- u. Rückenteil 1/2 Ärmel

Strickschrift zu Modell 20

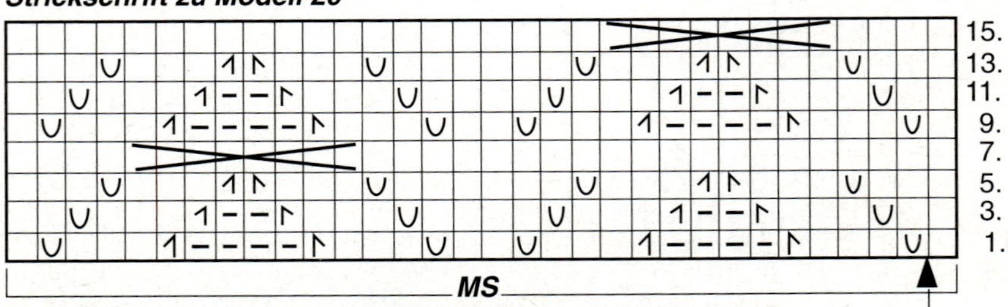

Die 1.-16. R stets wdh. In den Rück-R die M str, wie sie erscheinen, U li.

Muster-maschen in Natur

Modell 20

Pulli im Ajourmuster

Größe: 110/116 (122/128) 134
Material: ca 400 (450) 500 g natur Fb 4803: Qual Hobby (60 % Schurwolle, 40 % Polyacryl, LL = 125 m/50 g) von STAHL. PRYM-Rundstrick-N Nr 3 und Nr 3,5 bis 4.
Blendenmuster, kr re mit N Nr 3: Hin- und Rück-R re; in Rd abw 1 Rd re und li
Halsblende mit N Nr 3: 4 Rd kr re, 1 Rd: *2 M re zusammenstr, 1 U, ab * wdh; 4 Rd kr re, dabei in der letzten Rd die M abk.
Die folg Muster mit N Nr 3,5 bis 4 str!
Gl re: Hin-R re, Rück-R li
Ajourmuster: siehe Strickschrift
Maschenproben! Gl re bzw Ajourmuster: 24 **bzw** 24,5 M + 31,5 R = 10 x 10 cm
Vorderteil: Anschlag 98 (108) 114 M und 1 cm Blendenmuster str. Im Grundmuster mit beids 8 (13) 16 M gl re + Rdm weiterarb. In 41 (43) 45 cm Gesamthöhe für den Halsausschnitt die mittl 20 (20) 22 M abk und beide Seiten getrennt beenden. Am Halsrand in jeder 2. R 1 x 5, 1 x 2, 3 x 1 und restl Schulter-M in 48 (50) 52 cm Gesamthöhe abk.
Rücken ebenso arb, jedoch in 46 (48) 50 cm Gesamthöhe die mittl 30 (30) 32 M und am Halsrand in der 2. R 1 x 5 M abk.
Ärmel: Anschlag je 40 M und 1 cm Blendenmuster str, dabei in der letzten R verteilt auf 46 M + 2 Rdm zunehmen. Im Grundmuster ab Pfeil weiterarb. Für die Ärmelschräge beids M mustergemäß zunehmen: Für **1. Größe** in der 6. R 1 x 1 und in jeder 4. R 21 x 1, für **2. bzw 3. Größe** in jeder 4. R 23 **bzw** 25 x 1 und in jeder 2. R 2 x 1 M. In 31 (33) 35 cm Gesamthöhe alle M abk.
Fertigstellung: Schulternähte schließen. Aus dem Halsausschnitt entsprechend M herausstr und die Halsblende arb. Ärmel auf Mitte legen und ansetzen. Restl Nähte schließen.

Entwurf: Ruth Kindla

Erdtöne frisch gemixt

Modell 21

Längsgestreifter Kurzarmpulli

Größe: 122, 134 und 146
Die abweichenden Angaben der größeren Größen stehen in Klammern bzw. hinter den Klammern.

Material: 100 (150) 200 g khakifarbenes und **je 50 (100) 100 g** terrafarbenes und beiges Fransengarn, LL = ca 75 m/50 g. PRYM-Stricknadeln 5,5 und eine Häkel-N 5.

STRICKMUSTER:

Kraus re: Hin- und Rück-R re M str.

Streifenfolge, kraus re: *2 R Khaki, 4 R Terra, 6 R Khaki, 2 R Beige, 2 R Terra, 2 R Khaki, 4 R Beige, ab * stets wdh.

Maschenprobe: Kraus re sind 15 M und 28 R = 10 x 10 cm. Pfeil im Schnitt = Strickrichtung.

Vorder- und Rückenteil: Der Pulli wird quer in einem Stück gestrickt und am li Ärmel begonnen. Dafür 48 M in Khaki anschl und zwischen den Rand-M in der Streifenfolge str. Für die Ärmelschräge beids in jeder 4. R 1 (2) 4 x 1 M und in jeder 2. R 2 (3) 2 x 1 M zun. 4 (6) 8 cm ab Anschlag für das Vorder- und Rückenteil beids je 29 (33) 39 M dazu anschl. 15 (19) 22 cm ab Anschlag die M in der Mitte der Arbeit teilen = Schulterlinie. Beide Teile getrennt weiterarb. Das Rückenteil über der 1. Hälfte 7 (7) 8 cm gerade weiterstr. Die M stilllegen = Rückenmitte. Beim Vorderteil für den V-Ausschnitt in jeder 2. R 2 x 1 und dann in jeder R 16 (16) 18 x 1 M abn. 7 (7) 8 cm ab Ausschnittbeginn ist die vordere Mitte erreicht. Nun den Pulli gegengl beenden, d.h. aus Abnahmen werden Zunahmen und umgekehrt. 22 (26) 30 cm ab vorderer bzw. hinterer Mitte die restl M des re Ärmels gerade abk.

Fertigstellung: Das Pulliteil leicht anfeuchten und laut der im Schnitt stehenden Maße spannen und trocknen lassen. Seitennähte schließen. Den Halsausschnitt mit 1 Rd fM in Khaki umhäkeln. Zum Schluss alle Nähte leicht ausdämpfen.

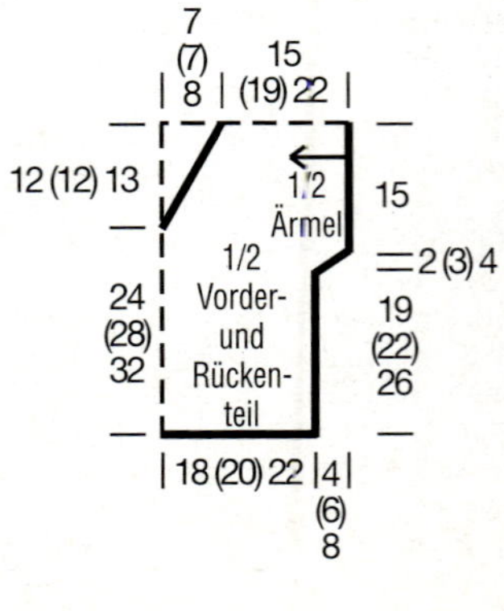

Entwurf Dagmar Scholz

Modell 22

Gestreifter Pullunder

Größe: 110, 122 und 134
Die abweichenden Angaben der größeren Größen stehen in Klammern bzw. hinter den Klammern.
Material: je 50 (50) 100 g Khaki (Fb 152) und Kiwi (Fb 211), **je 50 g** Rosa (Fb 153), Pink (Fb 170), Hellgelb (Fb 210), Mandarin (Fb 202) und Burgunder (Fb 187) „Toccata“ (100% Baumwolle, LL = 110 m/50 g) von LANA GROSSA. PRYM-Strick-N Nr 3,5 und PRYM-Häkel-N Nr 3.
STRICKMUSTER:
Bundmuster: 2 M re, 2 M li im Wechsel.
Streifenmuster über 20 M: Lt Strickschrift str. Es sind die Hin-R gezeichnet, in den Rück-R alle M und U in der entsprechenden Farbe li str bzw. wie beschrieben. Den MS und die 1. – 14. R stets wdh. **Hinweis:** Stets nur so viele M abnehmen, wie U gearbeitet werden und umgekehrt. Eventuell U bzw. Abnahmen entsprechend dem Muster durch re M ersetzen.
Farbfolge im Streifenmuster: *1. **Rapport:** A = Khaki, B = Burgunder, C = Pink. **2. Rapport:** A = Kiwi, B = Pink, C = Mandarin. **3. Rapport:** A = Khaki, B = Mandarin, C = Melone. **4. Rapport:** A = Kiwi, B = Hellgelb, C = Burgunder. Ab * stets wdh.
Maschenprobe: Im Streifenmuster sind 26,5 M und 32 R = 10 x 10 cm.
Rückenteil: 74 (86) 94 M in Khaki anschl und 2 cm im Bundmuster str, dabei in der letzten R verteilt 3 (1) 3 M zun. Weiter zwischen den Rand-M in der Farbfolge im Streifenmuster str, beginnend bei Pfeil A (B) C. 21 (24) 27 cm ab Bund für den Armausschnitt beids 1 x 4 M und in jeder 2. R 1 x 3, 2 x 2 und 2 x 1 M abk. 11 (12) 13 cm ab Beginn der Armausschnitte für die Schulterschräge beids 1 x 3 (3) 4 M und in jeder 2. R 3 x 2 (3 x 3) 1 x 4 und 2 x 3 M abk. Gleichzeitig mit Beginn der Schulterschräge für den Halsausschnitt die mittl 23 (27) 33 M abk. Die Schultern getrennt beenden. Dabei in jeder 2. R am Ausschnittrand 1 x 3 und 1 x 2 M abk. 13 (14) 15 cm ab Beginn der Armausschnitte sind alle M abgenommen.
Vorderteil: Ebenso str, jedoch mit V-Ausschnitt. Dafür 23,5 (26) 28,5 cm ab Bund die mittl M abk. Die Seiten getrennt beenden. Dabei in jeder 2. R am inneren Rand 16 (18) 21 x 1 M abn. In Rückenteilhöhe sind alle M abgenommen.
Fertigstellung: Die Pullunderteile leicht anfeuchten und laut der im Schnitt stehenden Maße spannen und trocknen lassen. Schulter- und Seitennähte schließen. Den Halsausschnitt und die Armausschnitte mit 1 Rd fM und 1 Rd Krebs-M (= fM von li nach re) in Khaki umhäkeln. Zum Schluss alle Nähte leicht ausdämpfen.

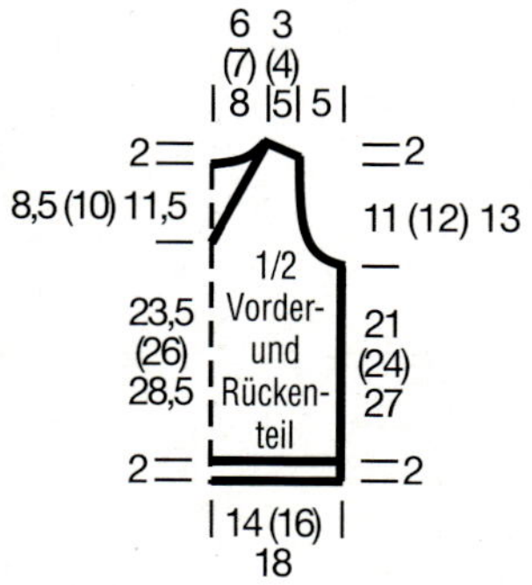

Entwurf: Dagmar Scholz

ZEICHENERKLÄRUNG:

 *= 1 M re*

 *= 1 U, in der Rück-R li verschr str*

 *= 2 M re verschr abh, 1 M re und die abgehobenen M überziehen*

= 3 M re zusstr, dabei die M noch auf der li Nd lassen, 1 U und noch einmal in die 3 zusammengestr M einstechen und 1 M re herausstr

A = Khaki bzw. Kiwi
B = Burgunder bzw. Pink bzw. Mandarin bzw. Melone
C = Pink bzw. Mandarin bzw. Melone bzw. Burgunder

Streifenmuster über 20 M:

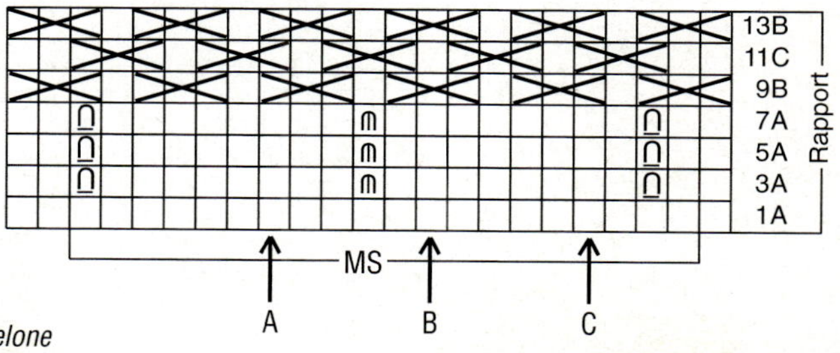

Modell 23

Curryfarbener Raglanpulli

Größe: 116-122 (128-134) 140-146
Die abweichenden Angaben der größeren Größen stehen in Klammern bzw hinter den Klammern.
Material: Von ONline „Linie 12" (100% Baumwolle, LL 166m/ 100g), **500 (500) 600 g Curry** Fb 176, **je 100g Mango** Fb 192 und **Khaki** Fb 63, PRYM-Stricknadeln 3,5 und 4,5, eine kurze Rundstricknadel 3,5, 1 Zopf-N.

Im Fachhandel erhältlich oder zu bestellen bei: Lindner`s Textil- und Strickstüberl, Untere Römerstr. 37, 94550 Forsthart, Tel.: 08547/582, Fax: 08547/7130, e-mail: lindner@vilstal.net.
STRICKMUSTER:
Kraus: Hin- und Rück-R re M str.
Glatt rechts: Hin-R re M, Rück-R li M.
Glatt links: Hin-R li M, Rück-R re M.
Bundmuster mit N 3,5: 3 M re, 3 M li im Wechsel. Dabei 1 cm in Khaki, und den Rest in Curry str.
Alle weiteren Muster mit N 4,5 str.
Kachel-Zopfmuster über 18 M: Laut Strickschrift str. Es sind die Hin-R gezeichnet. In den Rück-R die M str, wie sie erscheinen. Den MS und die 5.-44.R stets wiederholen.
Zopfmuster über 6 M: Wie die ersten 6 M des Kachelzopfmuster in der 25.-28.R.
Rippenmuster über 8 M: * 3 M glatt li, 1 M kraus, 3 M glatt re, 1 M kraus*. Von * bis * stets wdh. Dabei *4 R Curry, 8 R Khaki, 4 R Curry, 4 R Mango * str.
Maschenprobe: Im Kachel-Zopfmuster und Rippenmuster sind 23,5 M und 31 R = 10x 10 cm.
Rückenteil:
104 (110) 116 M anschl. Zwischen den Rand-M 3 cm im Bundmuster str. In der letzten R verteilt 6 (10) 14 M zun. Weiter zwischen den Rand-M in Curry im Kachel-Zopfmuster bei Pfeil A (B) F beginnend. Für B und F jeweils die ersten Zopfmaschen glatt re str. 27 (30) 34 cm ab Bund beids 3 M für den Extrazopf stilllegen und für die Raglanschrägungen beids 21x abwechselnd (1x 1 M je R und 1x 1 M je 2.R) abn und folgend 1 (1) 0 x 1 M in der 2.R und 0 (3) 6 x 1 M je R abn. Bei einer Raglanhöhe von 21 (22) 23 cm restl M gerade abk. Die stillgelegten M aufn, beids je 1 Rand-M herausstr und in Raglanlänge einen Zopf wie die ersten 3 M der Strickschrift str. M abk.
Vorderteil: Wie Rückenteil jedoch mit Halsausschnitt. Dafür 17 (18) 19 cm ab Beginn der Raglanschrägung für den Ausschnitt die mittleren 12 (16) 18 M abk. Beide Seiten getrennt beenden. Dabei in jeder 2.R am Ausschnittrand 1x 3, 1x 2 und 1x 1 M abk. Bei einer Raglanhöhe von 21 (22) 23 cm sind alle M abgenommen.
Ärmel: Je 44 (50) 56 M anschl. Zwischen den Rand-M 3 cm im Bundmuster str. In der letzten R verteilt 8 (4) 0 zun. Weiter zwischen den Rand-M im Kachel-Zopfmuster bei Pfeil D (E) F beginnend str. Für die Ärmelschrägung beids in jeder 3.R 3 (3) 0x 1 M und in jeder 4.R 18 (21) 26x 1 M mustergemäß zun. 27 (32) 35 cm ab Bund für Raglanschrägung wie beim Rückenteil abn. Bei einer Raglanhöhe von 21 (22) 23 cm die restl M abk.
Fertigstellung: Die Zöpfe an die Raglanschrägung nähen. Die Raglanärmel einnähen. Seiten-Ärmelnähte schließen. Aus dem Ausschnitt mit der Rund-N 78 (86) 92 M aufn und 3 cm im Zopfmuster str. Dabei 2 cm in Curry und 1 cm in Khaki str. Die M elastisch -ggf. mit beilaufendem Gummifaden- abk.

Kachel-Zopfmuster über 18 M

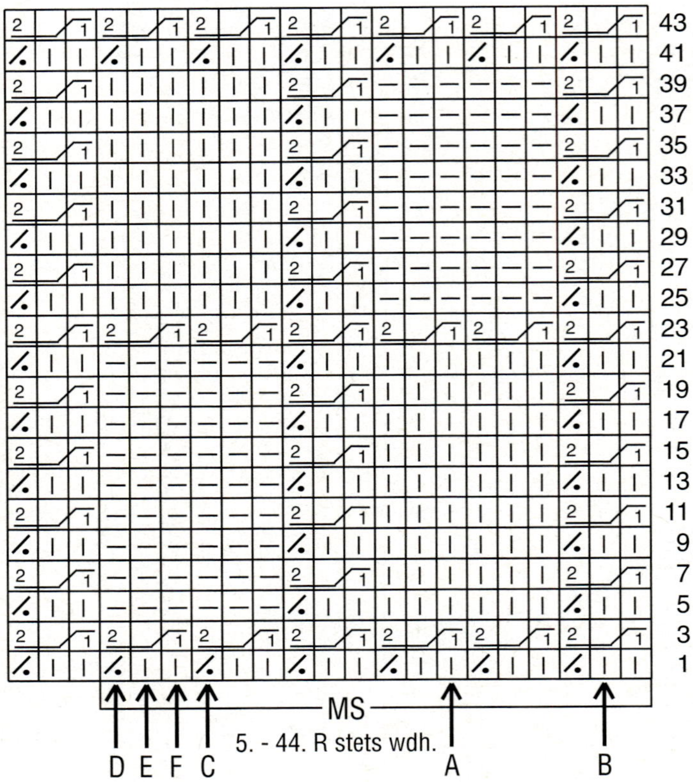

ZEICHENERKLÄRUNG:

= *1M re*
= *1M li*
= *1 M re abheben, dabei den Faden hinter der Arbeit langführen*
= *3 M nach re verkr re: 2 M auf eine Zopf-Nd hinter die Arbeit legen, 1 M re und die M der Zopf-Nd re str*
In allen nicht gezeichneten Rückr die M str, wie sie erscheinen, abgehobene M wieder abh, Fd vorn

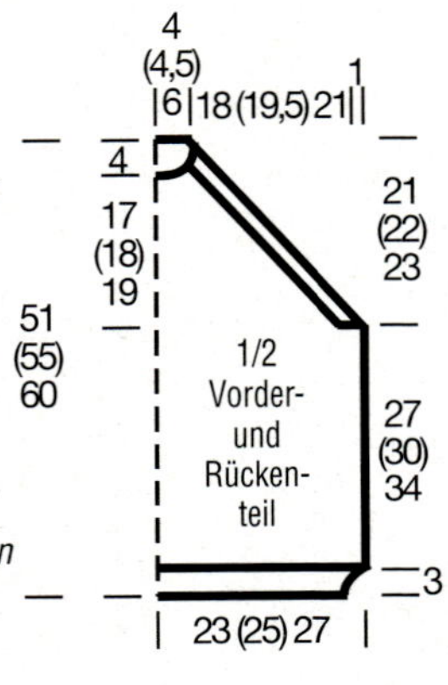

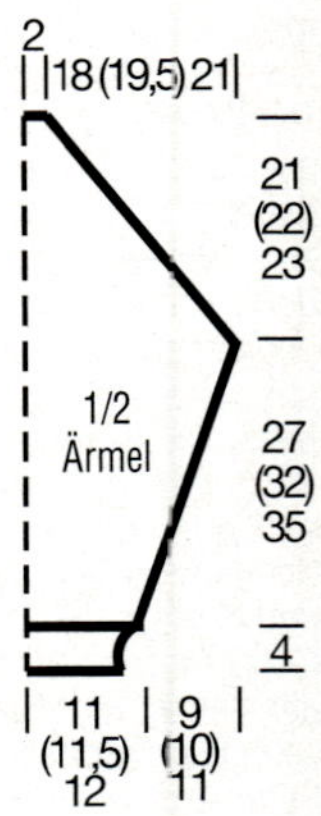

Fortsetzung zu Modell 2 von Seite 4

Fertigstellung: Auf den re Ärmel lt Zählmuster und Abb. verteilt 3 Blüten – 1 Blüte in Rosa mit Mitte in Mandarin, 1 Blüte in Jaffa mit Mitte in Rosa, 1 Blüte in Mandarin mit Mitte in Jaffa – im Maschenstich aufsticken. Den li Ärmel gegengl besticken. Schulternähte schließen. Ärmel einnähen, so dass die Ärmelmitte an der Schulternaht liegt. Seiten- und Ärmelnähte schließen. Vordere Verschlusskanten und Halsausschnitt mit 3 R fM in Jaffa umhäkeln, dabei in der 3. R in die re Verschlusskante verteilt 6 (7) 7 Knopflochösen -mit 5 Lftm 2 M übergehen- einarb. Die unteren Ärmelkanten in Birke folgendermaßen umhäkeln: **1. Rd:** In jede 3. M 1 Stb und 1 Lftm arb; **2. Rd:** Um jede Lftm 1 Stb und 2 Lftm arb; **3. – 6. Rd:** Um jeden Lftm-Bogen 1 Stb und 3 Lftm arb; dabei jede Runde mit 3 Lftm als Ersatz für das 1. Stb beginnen und mit 1 Kettm in die 3. Lftm schließen. **7. Rd:** 1 Rd Picots arb. Knöpfe annähen.

Blüte über 17 M zu Modell 2 von Seite 4

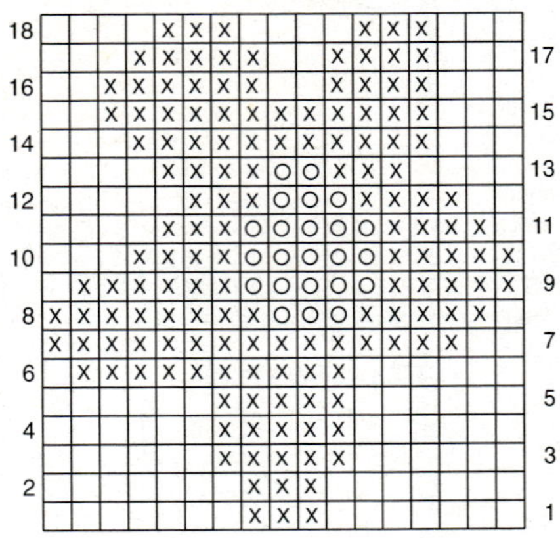

ZEICHENERKLÄRUNG:

= *Maschenstich in Rosa bzw. Mandarin bzw. Jaffa*
= *Maschenstich in Mandarin bzw. Jaffa bzw. Rosa*
= *Strickgrund in Rot*
1 Kästchen = 1 M + 1 R

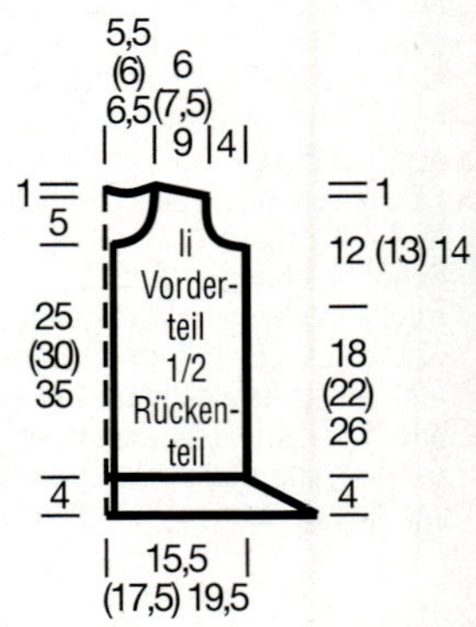

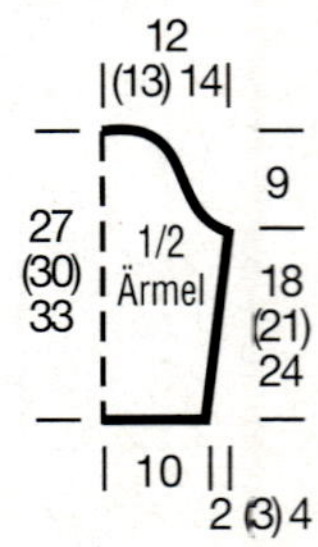

Pulli für Aktive

Entwurf: Dagmar Scholz

Modell 24 und 25

Hemdchen „5" in Gelb/Orange oder Grün

Größe: 92/98 [104/110] 134/140
Eine Zahl allein gilt für alle Größen.
Material: „Elastico" von Lana Grossa (96 % Baumwolle, 4 % Polyester, LL = 160 m/50 g; maschinenwaschbar Schonwaschgang 30°): 100 g Orange Fb 40 oder Grün Fb 51, 100 [100] 150 g Gelb Fb 41 oder Hellgrün Fb 54 und 50 g Weiß Fb 1. Stricknadeln Nr. 3 und 3,5, eine 40 cm lange Rundstricknadel Nr. 3.
Im Fachhandel erhältlich oder zu bestellen bei: Lindner`s Textil- und Strickstüberl, Untere Römerstr. 37, 94550 Forsthart, Tel.: 08547/582, Fax: 08547/7130, e-mail: lindner@vilstal.net.
Rippenmuster: 1 M re, 1 M li im Wechsel.
Glatt rechts: Hin-R re M, Rück-R li M.
Gerstenkornmuster: Hin-R: 1 M re, 1 M li im Wechsel. **Rück-R:** M str, wie sie erscheinen. Die M in jeder Hin-R zueinander versetzen.
Zahlen-Motiv: Nach dem Zählmuster str. Gezeichnet ist das gesamte Motiv in Hin- und Rück-R. Jede Farbfläche mit einem extra Knäuel str und beim Farbwechsel die Fäden auf der Rückseite der Arbeit miteinander verkreuzen.
Maschenprobe: mit Nadeln Nr. 3,5 im Gerstenkornmuster: 22 M und 39 R = 10 x 10 cm.
Bitte beachten: Für einen sauberen Farbübergang bei Streifenfolge und Zahlen-Motiv stets in der 1. R einer neuen Farbe re M (Hin-R) bzw. li M (Rück-R) str. Im Rippenmuster ist dies nicht erforderlich.

Rückenteil: Mit Nadeln Nr. 3 in Orange oder Hellgrün 80 [86] 106 M anschlagen und für den Bund 2 R in Orange oder Hellgrün, 4 R in Weiß und 2 R in Orange oder Hellgrün im Rippenmuster str. Dann mit Nadeln Nr. 3,5 in Gelb oder Grün 18 [22] 30 R im Gerstenkornmuster, in Weiß 8 R glatt re, in Orange oder Hellgrün 50 R im Gerstenkornmuster, in Weiß 8 R glatt re, anschließend in Gelb oder Grün im Gerstenkornmuster weiterstr. Nach 92 [100] 116 R = 24 [26] 30 cm ab Anschlag für die Armausschnitte beidseitig 1 x 3 [3] 5 M abk, dann in jeder 2. R 2 x 2 und 5 [7] 9 x 1 M, in jeder 4. R 3 x 1 M und in jeder 6. R 2 x 1 M abk. Nach 33 [36] 42 cm ab Anschlag für den Halsausschnitt die mittl 16 [18] 22 M abk und beide Seiten getrennt beenden. Für die Ausschnittrundung in jeder 2. R 1 x 3, 2 x 2 und 2 x 1 M, in jeder 4. R 2 x 1 M abk. Nach 39 [42] 48 cm ab Anschlag die restl 4 [4] 8 Schulter-M abk.
Vorderteil: Wie Rückenteil str, jedoch beim orangefarbenen oder hellgrünen Streifen über die mittl 18 M das Zahlen-Motiv laut Zählmuster einstr. Nach 31 [34] 40 cm ab Anschlag den Halsausschnitt wie beim Rückenteil arbeiten. Die restl 4 [4] 8 Schulter-M in gleicher Höhe wie beim Rückenteil abk.
Fertigstellung: Teile laut Schnitt spannen und mit feuchten Tüchern bedeckt trocknen lassen. Nähte schließen. Mit der Rundstricknadel aus dem Halsausschnitt in Orange oder Hellgrün 102 [106] 114 M auffassen und 1 Rd in Orange oder Hellgrün, 4 Rd in Weiß, 2 Rd in Orange oder Hellgrün im Rippenmuster str. M abk. Aus den Armausschnitten je 64 [72] 88 M in Orange oder Hellgrün auffassen und wie beim Halsausschnitt str.

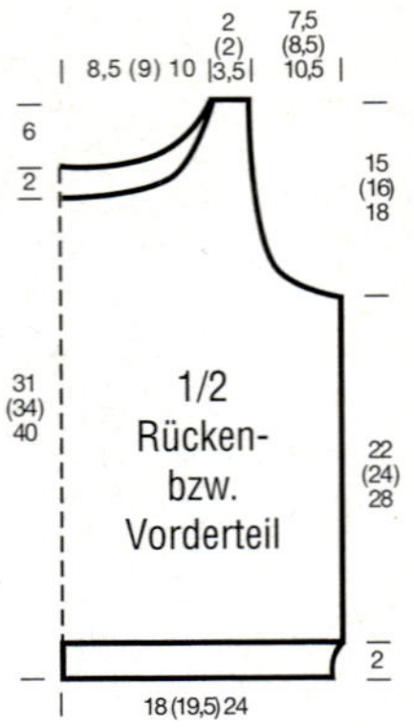

Zahlen-Motiv

ZEICHENERKLÄRUNG:

1 Kästchen = 1 M und 1 R
= glatt re in Gelb (Grün)
= Gerstenkornmuster in Orange (Hellgrün)

Maßtabelle

Baby- und Kindergrößen

Größe	56	62	68	74	80	86	92	98	104	110	116	122	128	134	140	146	152	158	164
Oberweite	44	46	48	50	52	54	56	58	60	62	64	66	68	70	72	74	76	80	84
Taillenweite	44	46	48	50	51	52	53	57	58	59	60	61	62	63	64	64	65	65	66
Hüftweite	46	48	50	52	54	56	58	62	64	66	68	70	72	74	78	79	82	85	88
Innere Ärmellänge	13	14	16	17	19	21	23	25	27	29	31	32	33	34	35	37	37	41	43
Vordere Taillenlänge	14	16	17	18	19	20	22	24,5	27	28,5	30	31,5	33	34,5	36	38	40	42	44
Hosenlänge	34	36	38	40	42	46	50	54	59	63	68	73	78	81	85	89	93	97	101

Abkürzungen:

Abb = Abbildung, **abh** = abheben, **abm** = abmaschen, **abn** = abnehmen, **abk** = abketten, **abw** = abwechselnd, **anschl** = anschlagen, **arb** = arbeiten, **beids** = beidseitig, **dopp** = doppelt, **Dstb** = Doppelstäbchen, **Fb** = Farbe, **fM (feM)** = feste Masche, **gl** = glatt, **Gr** = Größe, **hStb** = halbes Stäbchen, **Kettm** = Kettmasche, **Knl** = Knäuel, **kr** = kraus, **Lftm** = Luftmasche, **li** = links, **LL** = Lauflänge, **M** = Masche, **MS** = Mustersatz, **N (Nd)** = Nadel, **Nr** = Nummer, **Qual** = Qualität, **R** = Reihe, **Rd** = Runde, **Rdm** = Randmasche, **re** = rechts, **Stb** = Stäbchen, **str** = stricken, **U** = Umschlag, **verkr** = verkreuzen, **verschr** = verschränkt, **wdh** = wiederholen, **zun** = zunehmen, **zus** = zusammen.
Ab * wdh heißt: eine größere Maschengruppe (Mustersatz) so oft wiederholen, wie angegeben.

Fünf für Zwei

Entwurf: Sabine Ruf

Modell 26

Lochmuster-Pulli in Rosa

Größe: 86 (98) 110
Die abweichenden Angaben der größeren Größen stehen in Klammern bzw. hinter den Klammern.
Material: Von Lang **250 (300) 350 g Rosa** Fb 09 „DELTA" (50 % Baumwolle, 50 % Acryl, LL 123m/50g), PRYM-Stricknadeln 3, eine kurze Rund-N 3, eine Häkel-N 3 und ca. 50 cm Gummifaden.
Im Fachhandel erhältlich oder zu bestellen bei: Lindner`s Textil- und Strickstüberl, Untere Römerstr. 37, 94550 Forsthart, Tel.: 08547/582, Fax: 08547/7130, e-mail: lindner@vilstal.net.
STRICKMUSTER:
Glatt re: Hin-R re M, Rück-R li M, in Rd stets re M str.
Lochmuster über 17 M: Mit einer Rück-R li M beginnen, dann lt Strickschrift str. Es sind die Hin-R gezeichnet. In den Rück-R die M str, wie sie erscheinen bzw. die U li str. Den MS stets wdh. Die 1. – 38. R 1 x arb, dann die 27. – 38. R stets wdh.
Hinweis: Stets nur so viele U arb, wie Abnahmen gemacht werden.
Maschenprobe: Im Lochmuster sind 23,5 M und 37 R = 10 x 10 cm.
Rückenteil: 77 (87) 97 M anschl und zwischen den Rand-M im Lochmuster str, beginnend bei Pfeil A (B) C. 20 (24) 28 cm ab Anschlag für den Armausschnitt beids 1 x 3 M und in jeder 2. R 2 x 2 und 2 x 1 M abk. 33 (38) 43 cm ab Anschlag für die Schulterschräge beids 1 x 4 (5) 6 M und in jeder 2. R 1 x 4 (5) 6 M und 2 x 3 (4) 5 M abk. Gleichzeitig mit Beginn der Schulterschräge für den Halsausschnitt die mittl 25 (27) 29 M abk. Die Schultern getrennt beenden. Dabei in jeder 2. R am Ausschnittrand 1 x 2 und 1 x 1 M abk. 35 (40) 45 cm ab Anschlag sind alle M abgenommen.
Vorderteil: Ebenso str, jedoch mit tieferem Halsausschnitt. Dafür 30 (35) 40 cm ab Anschlag die mittl 15 (17) 19 M abk. Die Schultern getrennt beenden. Dabei in jeder 2. R am Ausschnittrand 1 x 3 M, 1 x 2 M und 3 x 1 M abk. In Rückenteilhöhe sind alle M abgenommen.
Ärmel: Je 45 M anschl und zwischen den Rand-M im Lochmuster str, beginnend bei Pfeil D. Für die Ärmelschräge beids in jeder 8. R 9 (5) 5 x 1 M und in jeder 6. R 0 (7) 9 x 1 M mustergemäß zun. 21 (24) 27 cm ab Anschlag für die Armkugel beids 1 x 4 M und in jeder 2. R 0 (1) 1 x 3 M, 2 (1) 2 x 2 M, 6 (6) 5 x 1 M, 2 x 2 M und 2 x 3 M abk. 28 (31) 34 cm ab Anschlag die restl M gerade abk.
Fertigstellung: Schulternähte schließen. Ärmel einnähen, so dass die Ärmelmitte an der Schulternaht liegt. Seiten- und Ärmelnähte schließen. Für die Rüsche mit der Rund-N 92 (100) 108 M anschl und in Rd glatt re str. 3 cm ab Anschlag je 2 M re zusstr = 46 (50) 54 M, weiter mit 1 Rd glatt re. Die M abk. Rüsche mit 1 Rd fM an den Halsausschnitt häkeln und die Halsausschnittkante anschließend mit einer Rd Krebs-M (= fM von li nach re) umhäkeln. Äußere Rüschenkante mit je 1 Rd fM und Krebs-M umhäkeln. Den Gummifaden unsichtbar in den Halsausschnitt einziehen und gegebenenfalls die Weite damit regulieren.

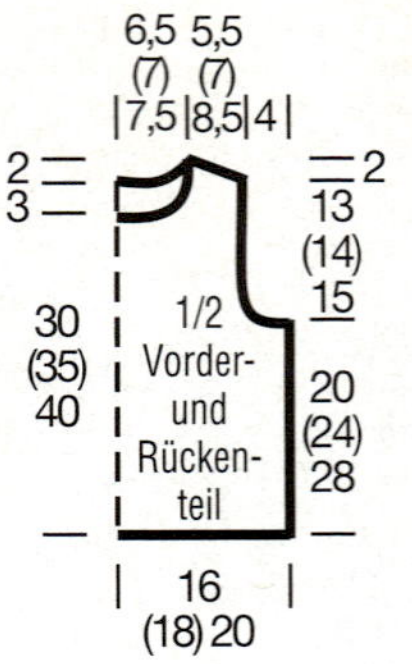

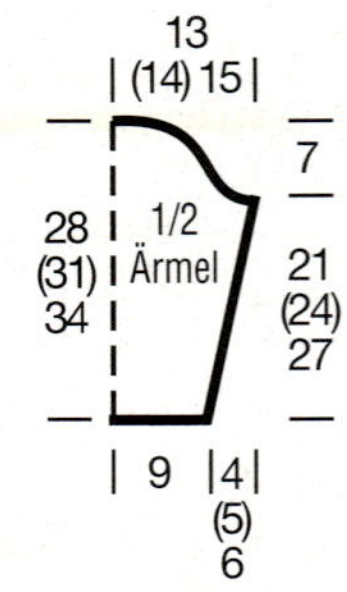

Lochmuster über 17 M:

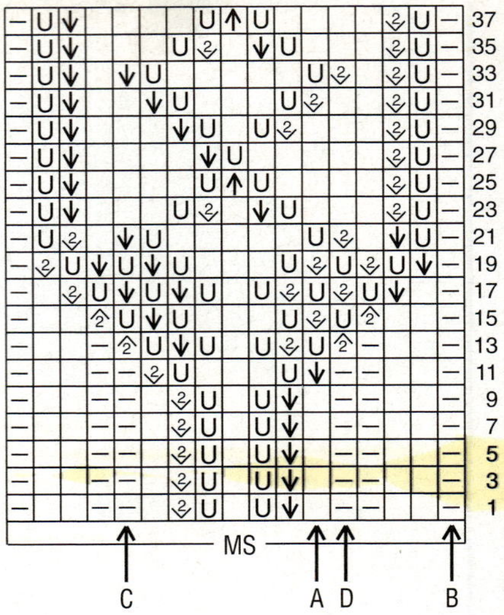

ZEICHENERKLÄRUNG:

- ☐ = 1M re
- – = 1M li
- U = 1 Umschlag
- = 2 M re zustr
- = 1 Überzug: 1 M abheben, 1 M re str und die abgehobene M darüber ziehen
- = 2 M li zusstr
- = 1 doppelter Überzug, so dass die Mittel-M obenauf liegt: 2 M zus re bzw. re verschr abh, 1 M re str und die abgehobene M darüber ziehen

Modell 27 (Rücktitel)

Gestreifte Jacke in Rosa und Terra

Größe: 92, 104 und 116
Die abweichenden Angaben der größeren Größen stehen in Klammern bzw. hinter den Klammern.
Material: 250 (300) 350 g Rosa (Fb 3) „Cottofilo" (88% Baumwolle, 12% Elité, LL = 85 m/50 g) und **je 50 g** Meliert (Fb 208) und Terra (Fb 1), „Croisette (40% Baumwolle, 30% Microfaser, 30% Polyacryl, LL = 85 m/ 50 g) von LANA GROSSA. PRYM-Strick-N Nr 4,5 und PRYM-Häkel-N Nr 4. Knöpfe von Jim Knopf.
STRICKMUSTER:
Glatt re: Hin-R re M, Rück-R li M str.
Wellenmuster über 10 M: Lt Strickschrift str. Es sind die Hin-R gezeichnet, in den Rück-R die M und Umschläge li str. Den MS stets wdh und die 1. – 8. R je 1 x arb. **Achtung!** Stets nur so viele Ustr, wie M zusgestr werden.
Streifenfolge: *8 R Wellenmuster in Rosa, 4 R glatt re in Meliert, 8 R Wellenmuster in Rosa, 4 R glatt re in Terra, ab * stets wdh.
Maschenprobe: In der Streifenfolge sind 16 M und 20 R = 10 x 10 cm.
Rückenteil: 57 (63) 69 M in Rosa anschl und zwischen den Rand-M in der Streifenfolge str, beginnend bei Pfeil A (B) C. 20 (24) 27 cm ab Anschlag für den Armausschnitt beids 1 x 3 M und in jeder 2. R 1 x 2 und 3 x 1 M abk. 15 (16) 17 cm ab Beginn der Armausschnitte für die Schulterschräge beids 1 x 6 (7) 8 M und in der 2. R 1 x 6 (7) 8 M abk. Gleichzeitig mit Beginn der Schulterschräge für den Halsausschnitt die mittl 13 (15) 17 M abk. Die Schultern getrennt beenden. Dabei in der 2. R am Ausschnittrand 1 x 2 M abk. 16 (17) 18 cm ab Beginn der Armausschnitte sind alle M abgenommen.
Rechtes Vorderteil: 28 (31) 34 M in Rosa anschl und zwischen den Rand-M in der Streifenfolge str, beginnend bei Pfeil E. In gleicher Höhe und Weise wie beim Rückenteil am li Rand den Armausschnitt und die Schulterschräge arb. 31 (36) 40 cm ab Anschlag für den Halsausschnitt am re Rand in jeder 2. R 1 x 3 (4) 5, 2 x 2 und 1 x 1 M abk. In Rückenteilhöhe sind alle M abgenommen.
Linkes Vorderteil: Gegengl arb.
Ärmel: Je 33 M in Rosa anschl und zwischen den Rand-M in der Streifenfolge str, beginnend bei Pfeil D. Für die Ärmelschräge beids in jeder 6. R 8 (8) 9 x 1 M und in jeder 4. R 0 (2) 2 x 1 M mustergemäß zun. 26 (30) 33 cm ab Anschlag für die Armkugel beids 1 x 4 (5) 6 M und in jeder 2. R 1 x 3, 1 x 2, 1 x 3 (4) 4 und 1 x 4 (5) 5 M abk. 32 (36) 39 cm ab Anschlag die restl M abk.
Fertigstellung: Die Jackenteile leicht anfeuchten und laut der im Schnitt stehenden Maße spannen und trocknen lassen. Schulternähte schließen. Ärmel einnähen, so dass die Ärmelmitte an der Schulternaht liegt. Seiten- und Ärmelnähte schließen. Untere und vordere Jackenkanten, Halsausschnitt sowie Ärmelkanten folgendermaßen in Rosa umhäkeln: **1.** und **2. Rd:** fM häkeln. **3. Rd:** *2 M der Vor-Rd übergehen, 5 Stb in die folg M häkeln, 2 M der Vor-R übergehen, 1 fM in die folg M, ab * stets wdh. Zum Schluss alle Nähte leicht ausdämpfen.

Wellenmuster über 10 M:

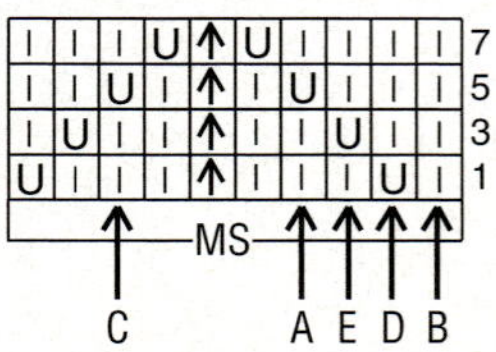

ZEICHENERKLÄRUNG:

- I = 1M re
- U = 1 Umschlag
- = 1 doppelter Überzug, so dass die Mittel-M obenauf liegt: 2 M zus re bzw. re verschr abh, 1 M re str und die abgehobene M darüber ziehen

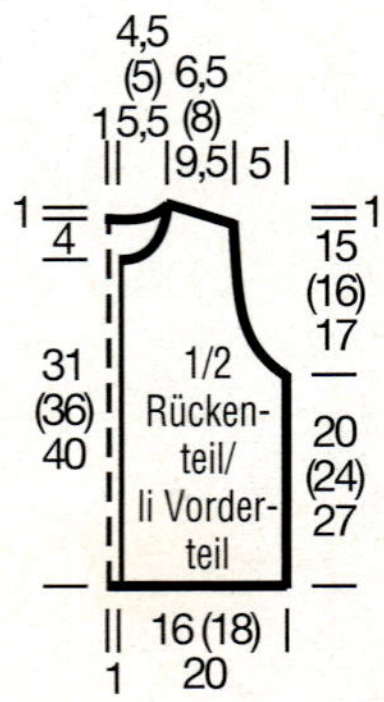

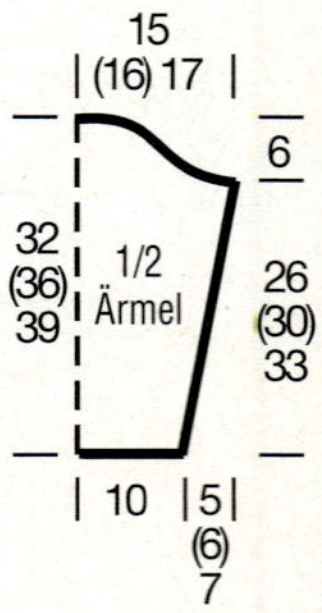

Romantik Rosarot

Entwurf:
Dagmar Scholz

Hits für Kids

Modell 27
Entwurf: Dagmar Scholz
Anleitung Seite 30

SABRINA SPECIAL

Kinder

Deutschland € 2,90
Österreich € 3,30
BeNeLux € 3,40
Schweiz SFR 5,90
Italien € 3,20
Frankreich € 3,90
Spanien € 3,20
Tschechien Kč 71
Slowakei Sk 97
Ungarn Ft 945

Gr 86 – 158

Pullis, Jacken, Shirts & Tops – selbstgestrickt!

S 1099

Luftige Maschen für Ihr Kind

Liebe Leserin,

Leicht, luftig und so richtig zum Wohlfühlen – so sollen sommerliche Maschen für Ihr Kind sein! In diesem Heft haben wir Ihnen 27 Vorschläge zu diesem Thema zusammengestellt. Lauter kindgerechte, sommerliche Stricksachen, die Freude machen! Blättern Sie einmal durchs Heft und lassen Sie sich bezaubern: Da ist doch bestimmt auch die richtige Masche für Ihr Kind dabei! Also, stricken Sie mit!

Viel Spaß dabei wünscht Ihre Redaktion

Modell 1

Lindgrünes Jäckchen für Gr. 86/92

Material: 200 g Lindgrün (Fb 4319) „Baby-Cotton" (100% Baumwolle, LL = 90 m/25 g) von SCHOELLER + STAHL. PRYM-Strick-N Nr 3 sowie 7 Knöpfe.

Im Fachhandel erhältlich oder zu bestellen bei: Lindner`s Textil- und Strickstüberl, Untere Römerstr. 37, 94550 Forsthart, Tel.: 08547/582, Fax: 08547/7130, e-mail: lindner@vilstal.net.

Glatt rechts: Hin-R rechte M, Rück-R linke M.

Glatt links: Hin-R linke M, Rück-R rechte M.

Rechter Zopf über 2 M: Hin-R: 2 M nach rechts verkreuzen. Rück-R: Linke M.

Linker Zopf über 2 M: Hin-R: 2 M nach links verkreuzen. Rück-R: Linke M.

Ajourmuster: Nach Strickschrift arb. Die Einteilung in der Breite ist innerhalb der Anleitung beschrieben. Die Zahlen links außen bezeichnen die Rück-R, rechts außen die Hin-R. In allen nichtgezeichneten Rück-R die M str., wie sie erscheinen, die U li str. In der Höhe 1 x die 1.-43. R str., dabei die Zunahmen in der 6. R beachten, dann die 8.-43. R stets wdh.

Maschenprobe: 28 M und 36 R = 10 x 10 cm.

Rückenteil: 88 M anschl. und in folgender Einteilung str.: Rand-M, 2 M glatt re, 1 x die 42 M der Strickschrift arb., 1 x die letzten 40 M der Strickschrift arb., 2 M glatt re, Rand-M. Durch die Zunahmen in der 6. R sind nun 94 M vorhanden. Nach 17,5 cm = 63 R ab Anschlag für die Armausschnitte beids. in jeder 2. R 1 x 4 M, 2 x 3 M, 1 x 2 M abk. = 70 M. Nach 20 cm = 75 R ab Anschlag über den je 19 M der Mittelmotive der Strickschrift nur noch glatt re weiterstr., die übrigen Musterstreifen fortsetzen. Nach 11 cm = 40 R Armausschnitthöhe für den Halsausschnitt die mittl. 10 M abk. und beide Seiten getrennt beenden. Für die Rundung in jeder folg. 2. R 1 x 4 M, 1 x 3 M, 1 x 1 M abk. Bereits nach 1 cm = 4 R ab Halsausschnittbeginn für die Schulterschrägung am äußeren Rand in jeder 2. R 2 x 7 M, 1 x 8 M abk.

Linkes Vorderteil: 49 M anschl. und in folgender Einteilung str.: Rand-M, 2 M glatt re, 1 x die 42 M der Strickschrift arb., 1 M glatt li, 2 M rechter Zopf, Rand-M. Durch die Zunahmen in der 6. R sind nun 52 M vorhanden. Den Armausschnitt am rechten Rand wie am Rückenteil arb. = 40 M. Nach 25 cm = 91 R ab Anschlag die letzten 6 M am linken Rand für die Blende auf eine Hilfsnadel legen und über die restl. 34 M weiterstr. Für die Ausschnittschrägung am linken Rand 2 M abk., dann in jeder folg. 2. R noch 2 x 2 M und 6 x 1 M abk. Die Schulter am rechten Rand wie am Rückenteil schrägen. Anschließend für die Blende zu den 6 M der Hilfsnadel am rechten Rand 1 Rand-M dazuanschlagen und über diese 7 M noch 11 cm gerade weiterstr., dann die M abk.

Rechtes Vorderteil: Gegengleich str. und das Muster wie folgt einteilen: Rand-M, 2 M linker Zopf, 1 M glatt li, 42 M nach der Strickschrift, 2 M glatt re, Rand-M. Gleichzeitig 7 Knopflöcher einarb. Bereits in der 6. R (= Hin-R) ab Anschlag die 4. und 5. M li zusstr. und dafür 1 U auf die Nadel nehmen. Die übrigem 6 Knopflöcher in jeder folgenden 12. R ebenso ausführen.

Ärmel: 48 M anschl. und in folgender Einteilung str.: Rand-M, 2 M glatt re, 1 x die 42 M der Strickschrift arb., 2 M glatt re, Rand-M. Durch die Zunahmen in der 6. R sind nun 51 M vorhanden. Für die Schrägung beids. in der 6. R ab Anschlag, dann noch 8 x in jeder folg. 4. R je 1 M glatt re zun. = 69 M. Achtung! Nach 39 R ab Anschlag über den mittl. 19 M nur noch glatt re weiterstr., die übrigen Musterstreifen fortsetzen. Nach 11,5 cm = 43 R ab Anschlag für die Ärmelkugel beid. in jeder 2. R 6 x 1 M abk. Die restl. 57 M auf einmal abk.

Fertigstellung: Nähte schließen. Ärmel einsetzen. Die Blenden in der rückwärtigen Mitte verbinden und am Halsausschnittrand ansetzen. Knöpfe annähen.

Fortsetzung siehe Seite 20

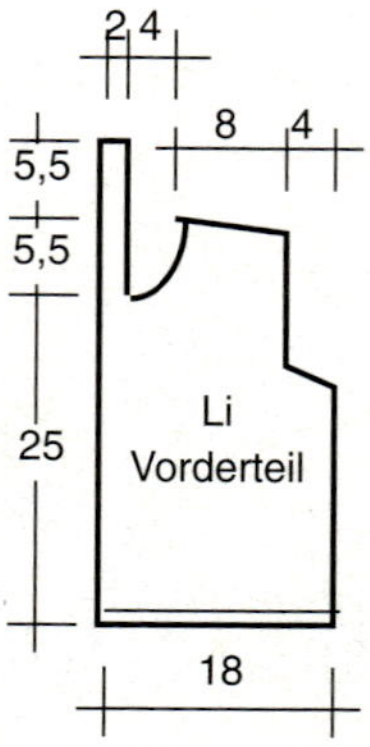

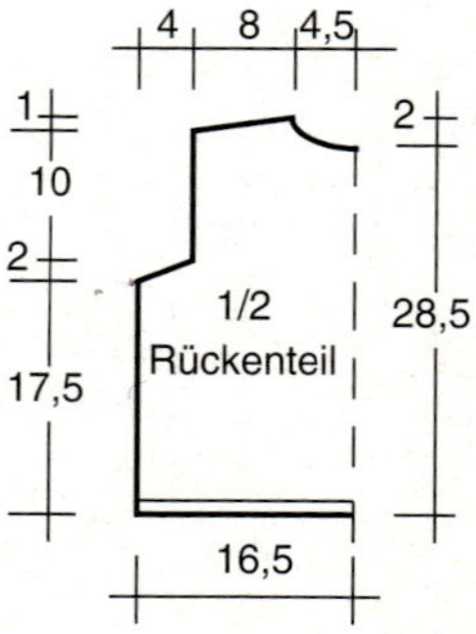

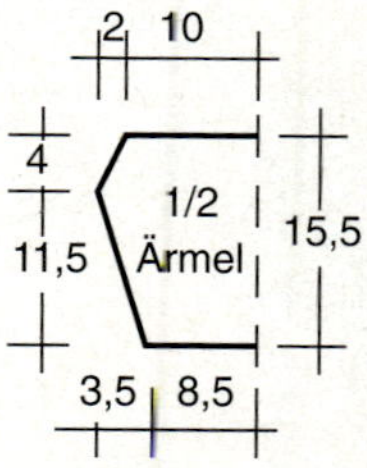

Zur Erhaltung unserer Natur und zum Schutze der Gewässer drucken wir diese Zeitschrift auf umweltfreundlichem, chlorfrei gebleichtem Papier

Ajour-
Fantasie

Romantisch mit Rüschen

Entwurf:
Dagmar Scholz

Modell 2

Rote Blüten-Jacke

Größe: 110 (122) 134
Die abweichenden Angaben der größeren Größen stehen in Klammern bzw. hinter den Klammern.
Material: Von Schachenmayr **200 (250) 300 g Rot** Fb 115, je **50 g Jaffa** Fb 189, **Birke** Fb 219, **Mandarin** Fb 209 und **Rosa** Fb 143 „Catania" (100 % Baumwolle, LL 125m/50g), PRYM-Stricknadeln 3, eine Häkel-N 3, ein Nadelspiel 3 und 6 (7) 7 Knöpfe von UNION KNOPF.
Im Fachhandel erhältlich oder zu bestellen bei: Lindner`s Textil- und Strickstüberl, Untere Römerstr. 37, 94550 Forsthart, Tel.: 08547/582, Fax: 08547/7130, e-mail: lindner@vilstal.net.

STRICKMUSTER:
Glatt re: Hin-R re M, Rück-R li M, in Rd stets re M str.
Glatt li: Hin-R li M, Rück-R re M, in Rd stets li M str.
Rippenmuster: * 6 M glatt li, 6 M glatt re, 6 M glatt li, ab * stets wdh.
Lochmuster über 4 M: 1. R: * 2 M re, 2 M re zusstr, 1 U, ab * stets wdh; **2.** und **4. R:** Alle M und U li str; **3. R:** * 2 M re zusstr, 1 U, 2 M re, ab * stets wdh. Die 1. – 4. R stets wdh.
Hinweis: Stets nur so viele U arb, wie M abgenommen werden.
Blüte über 17 M: Lt Zählmuster im Maschenstich aufsticken.
Picots: * 3 Lftm, 1 Kettm in die 1. Lftm, 1 M der Vor-Rd übergehen, 1 Kettm in die folg M arb, ab * stets wdh.
Maschenprobe: Im Lochmuster sind 23 M und 31 R = 10 x 10 cm; glatt re sind 24 M und 32 R = 10 x 10 cm.

JACKE:
Rückenteil: 218 (242) 266 M in Jaffa anschl und für die Rüsche 1 cm in Jaffa und 3 cm in Rot im Rippenmuster str, beginnend mit 6 M glatt li und 6 M glatt re (6 M glatt re) 12 M glatt li und 6 M glatt re. 4 cm ab Anschlag die M abk. Nun die glatt re gestr Rippen der Rüsche aneinander stoßend legen, so dass über den glatt li gestr Rippen jeweils eine Falte gebildet wird und die Falten festheften. Aus der Rüsche 74 (82) 90 M in Rot aufn und weiter zwischen den Rand-M im Lochmuster str, dabei in der 1. R mittels Durchstechen der Faltenlagen die Falten fixieren. 18 (22) 26 cm ab Rüsche für den Armausschnitt beids 1 x 3 M und in jeder 2. R 2 x 2 M und 2 x 1 M abk. 30 (35) 40 cm ab Rüsche für die Schulterschräge beids 1 x 5 (6) 7 M und in jeder 2. R 2 x 5 (6) 7 M abk. Gleichzeitig mit Beginn der Schulterschräge für den Halsausschnitt die mittl 22 (24) 26 M abk. Die Schultern getrennt beenden. Dabei in der 2. R am Ausschnittrand 1 x 2 M abk. 31 (36) 41 cm ab Rüsche sind alle M abgenommen.
Rechtes Vorderteil: 110 (122) 134 M in Jaffa anschl und für die Rüsche 1 cm in Jaffa und 3 cm in Rot im Rippenmuster str, beginnend mit 6 M glatt li und 6 M glatt re (12 M glatt li und 6 M glatt re) 6 M glatt re. 4 cm ab Anschlag die M abk. Nun die glatt re gestr Rippen der Rüsche aneinander stoßend legen, so dass über den glatt li gestr Rippen jeweils eine Falte gebildet wird und die Falten festheften. Aus der Rüsche 38 (42) 46 M in Rot aufn und weiter zwischen den Rand-M im Lochmuster str, dabei in der 1. R mittels Durchstechen der Faltenlagen die Falten fixieren. In gleicher Höhe und Weise wie beim Rückenteil am li Rand den Armausschnitt und die Schulterschräge arb. 25 (30) 35 cm ab Rüsche für den Halsausschnitt am re Rand 1 x 5 (6) 7 M und in jeder 2. R 1 x 3 M, 2 x 2 M und 2 x 1 M abk. In Rückenteilhöhe sind alle M abgenommen.
Linkes Vorderteil: Gegengl str.
Ärmel: Je 50 M in Rot anschl und zwischen den Rand-M glatt re str. Für die Ärmelschräge beids in jeder 10. R 5 (2) 0 x 1 M, in jeder 8. R 0 (5) 5 x 1 M und in jeder 6. R 0 (0) 5 x 1 M zun. 18 (21) 24 cm ab Anschlag für die Armkugel beids 1 x 3 (4) 4 M und in jeder 2. R 1 x 3 M, 3 x 2 M, 7 x 1 M, 2 (2) 1 x 3 M und 0 (0) 1 x 4 M abk. 27 (30) 33 cm ab Bund die restl M gerade abk.

Fortsetzung siehe Seite 26

Modell 3 + 4

Blüten-Pulli in Rosa mit Täschchen

Größe: 92 - 98 (104 - 110) 116 - 122
Die abweichenden Angaben der größeren Größen stehen in Klammern bzw. hinter den Klammern.
Material: Von Schachenmayr **150 (150) 200 g Rosa** Fb 143, je **50 g Jaffa** Fb 189, **Birke** Fb 219, **Mandarin** Fb 209 und **Rot** Fb 115 „Catania" (100 % Baumwolle, LL 125m/50g), PRYM-Stricknadeln 3, eine Häkel-N 3 und N 5, etwas Füllwatte und 1 Knopf von UNION KNOPF.
Im Fachhandel erhältlich oder zu bestellen bei: Lindner`s Textil- und Strickstüberl, Untere Römerstr. 37, 94550 Forsthart, Tel.: 08547/582, Fax: 08547/7130, e-mail: lindner@vilstal.net.
STRICKMUSTER:
Glatt re: Hin-R re M, Rück-R li M str.
Glatt li: Hin-R li M, Rück-R re M str.
Rippenmuster: * 6 M glatt li, 6 M glatt re, 6 M glatt li, ab * stets wdh.
Lochmuster über 4 M: 1. R: * 2 M re, 2 M re zusstr, 1 U, ab * stets wdh; **2.** und **4. R:** Alle M und U li str; **3. R:** * 2 M re zusstr, 1 U, 2 M re, ab * stets wdh. Die 1. – 4. R stets wdh.
Hinweis: Stets nur so viele U arb, wie M abgenommen werden.
Blüte über 27 M: Lt Zählmuster glatt re bzw. im Lochmuster str. Für jede Farbe ein extra Knäuel verwenden. Beim Farbwechsel die Fäden auf der Rückseite verkr, damit keine Löcher entstehen. Es sind die Hin-R gezeichnet. In den Rück-R die M str, wie sie erscheinen. Die 1. – 52. R 1 x arb.
Streifenmuster, glatt re: 10 R Rosa, 4 R Mandarin im Wechsel.
Picots: * 3 Lftm, 1 Kettm in die 1. Lftm, 1 M der Vor-Rd übergehen, 1 Kettm in die folg M arb, ab * stets wdh.
Pompon: 6 Lftm anschl und mit 1 Kettm zum Ring schließen. **1. Rd:** 13 fM in den Ring häkeln; **2. Rd:** fM häkeln, dabei in jede 2. M 2 fM arb; **3. und 4. Rd:** fM häkeln; **5. und 6. Rd:** fM häkeln, dabei jede 2. und 3. fM zus abmaschen. Jede Rd mit 1 Lftm als Ersatz für die 1. fM beginnen und mit 1 Kettm in die 1. Lftm schließen. Den Pompon mit Füllwatte stopfen. Die Öffnung mit dem Arbeitsfaden zusammen ziehen.
Maschenprobe: Im Lochmuster sind 23 M und 31 R = 10 x 10 cm; glatt re sind 24 M und 32 R = 10 x 10 cm.

Entwürfe: Dagmar Scholz

PULLI:
Rückenteil: 182 (206) 236 M in Mandarin anschl und für die Rüsche 1 cm in Mandarin und 3 cm in Rosa im Rippenmuster str, beginnend mit 6 M glatt li und 6 M glatt re (6 M glatt re) 3 M glatt re und 12 M glatt li. 4 cm ab Anschlag die M abk. Nun die glatt re gestr Rippen der Rüsche aneinander stoßend legen, so dass über den glatt li gestr Rippen jeweils eine Falte gebildet wird und die Falten festheften. Aus der Rüsche 62 (70) 80 M in Rosa aufn und weiter zwischen den Rand-M im Lochmuster str, dabei in der 1. R mittels Durchstechen der Faltenlagen die Falten fixieren. 12 (16) 20 cm ab Rüsche für den Armausschnitt beids 1 x 3 M und in jeder 2. R 1 x 2 M und 2 x 1 M abk. 25 (30) 35 cm ab Rüsche die M gerade abk.

Vorderteil: Ebenso str, jedoch mit eingestrickter Blüte und Halsausschnitt. Dafür 4 (5) 6 cm ab Rüsche die ersten 48 (52) 56 M ab Rand-M weiter in Rosa im Lochmuster, die folg 27 M lt Zählmuster und den Rest in Rosa im Lochmuster str. Enden im Lochmuster in Rosa. 19 (24) 29 cm ab Rüsche für den Halsausschnitt die mittl 20 (26) 32 M abk. Die Seiten getrennt beenden. Dabei in jeder 2. R am Ausschnittrand 1 x 4 M und 3 x 2 M abk. In Rückenteilhöhe die restl Schulter-M gerade abk.
Ärmel: Je 50 M in Rosa anschl und zwischen den Rand-M im Streifenmuster str. Für die Ärmelschräge beids in jeder 6. R 6 (5) 6 x 1 M und in jeder 4. R 1 (5) 6 x 1 M zun. 14 (17) 20 cm ab Anschlag für die Armkugel beids 1 x 4 M und in jeder 2. R 1 (2) 2 x 3 M, 4 (3) 3 x 2 M, 3 x 1 M, 2 (2) 1 x 3 M und 0 (0) 1 x 4 M abk. 21 (24) 27 cm ab Bund die restl M gerade abk.

Fertigstellung: Schulternähte schließen. Ärmel einnähen, so dass die Ärmelmitte an der Schulternaht liegt. Seiten- und Ärmelnähte schließen. Die unteren Ärmelkanten in Birke folgendermaßen umhäkeln: **1. Rd:** In jede 3. M 1 Stb und 1 Lftm arb; **2. Rd:** Um jede Lftm 1 Stb und 2 Lftm arb; **3. – 6. Rd:** Um jeden Lftm-Bogen 1 Stb und 3 Lftm arb; dabei jede Runde mit 3 Lftm als Ersatz für das 1. Stb beginnen und mit 1 Kettm in die 3. Lftm schließen. **7. Rd:** 1 Rd Picots in Mandarin arb. Den Halsausschnitt mit 1 Rd fM in Birke umhäkeln, dann weiter wie bei der Ärmelspitze arb, dabei jedoch in der 1. Rd in jede 2. M 1 Stb und 1 Lftm arb. Für die Kordel der Halsrüsche 200 Lftm in Mandarin anschl und 1 R Kettm häkeln. Kordel in die 3. Reihe der Halsrüsche einziehen. 2 Pompons in Mandarin anfertigen und an den Kordelenden annähen.

TÄSCHCHEN:
28 M in Rosa anschl und glatt re 10 R Rosa, 4 R Mandarin, 10 R Rosa, 4 R Birke, 10 R Rosa, 4 R Jaffa, Rest in Rosa str. 52 R ab Anschlag für die Klappenschräge in jeder 2. R 6 x 2 M abk. Dann in der folg 2. R die restl M gerade abk.
Fertigstellung: Tasche li auf li falten und mit 1 Rd fM in Rosa verbinden, dabei auch die untere Taschenkante umhäkeln. Anschließend Tasche an den Seiten und am unteren Rand mit 1 R Picots in Birke umhäkeln. Taschenklappe mit je 1 R fM und Picots in Birke umhäkeln, dabei in der Picot-R an der Klappenspitze ein Knopfloch -mit 4 Lftm 3 M übergehen- einarb. Für die Kordel 60 Lftm mit doppeltem Faden (1 Faden Rosa, 1 Faden Mandarin) und N 5 anschl und 1 R Kettm häkeln. Kordelenden an den oberen Seiten des Täschchens annähen. Knopf annähen.
Fortsetzung siehe Seite 6

Fortsetzung zu Modell 4 von Seite 5

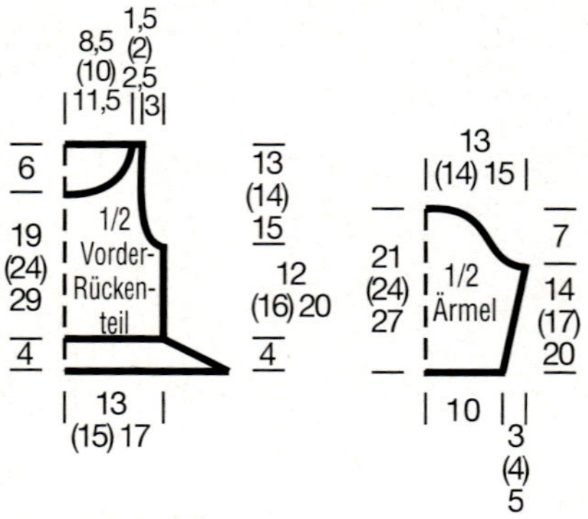

ZEICHENERKLÄRUNG:

☒ = *1 M glatt re in Mandarin*

◻ = *1 M glatt re in Jaffa*

⊟ = *1 M glatt re in Rot*

1 = Lochmuster in Rosa

1 Kästchen = 1 M + 2 R

Blüte über 27 M:

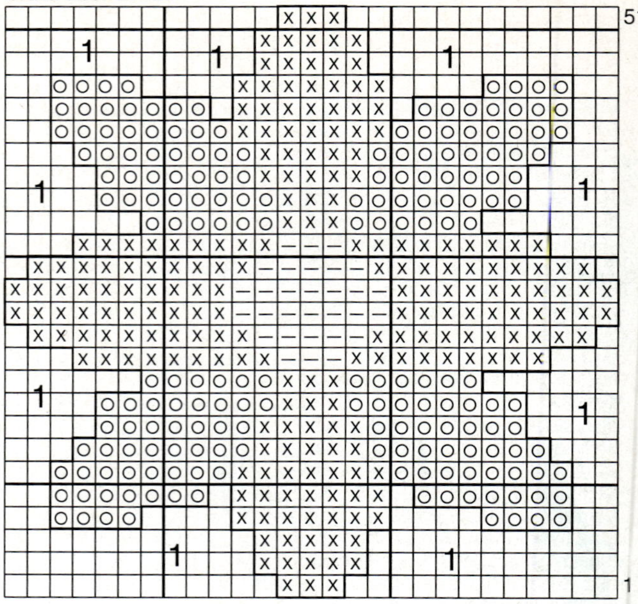

Modell 5

Gelber Pulli mit Ajourmustern

Größen: Die Angaben für Gr 98/104 stehen in Klammern. Ist nur eine Angabe gemacht, so gilt diese für beide Gr.

Material: 150 (200) g Gelb (Fb 16) „Linie 152 Paloma" (55% BRI-Nylon, 45% Polyacryl, LL = 215 m/50 g) von ONLINE. Je 1 Paar PRYM-Strick-N Nr 2 und 2,5; eine kurze PRYM-Rundstrick-N Nr 2,5; ein Knopf.

Im Fachhandel erhältlich oder zu bestellen bei: Lindner`s Textil- und Strickstüberl, Untere Römerstr. 37, 94550 Forsthart, Tel.: 08547/582, Fax: 08547/7130, e-mail: lindner@vilstal.net.

Rippenmuster: 1 M re verschränkt, 1 M li verschränkt im Wechsel.

Glatt rechts: Hinr re M, Rückr li M.

Ajourmuster I und II; Über je 15 M: Nach den Strickschriften **I** und **II** arb. Die Zahlen re außen bezeichnen die Hinr, in den Rückr alle M und U li str. In der Breite die gezeichneten je 15 M je 1 x arb. In der Höhe bei Strickschrift **I** die **1.-24. R** bei Strickschrift **II** die **1.-14. R** je 1 x arb.

Ajourmuster III; M-zahl teilbar durch 14 + 5 (11) M extra: Nach der Strickschrift **III** arb. Die Zahlen re außen bezeichnen die Hinr, in den Rückr alle M und U li str. In der Breite mit 1 Rdm + den 8 (4) M vor dem Rapport beginnen, den Rapport stets wdh, enden mit den 9 (5) M + 1 Rdm nach dem Rapport. In der Höhe die **1.-14. R** stets wdh (dabei für Gr 98/104 in der 3. R die 1. und letzte M nach bzw vor der Rdm nur re str, in der 9. und 13. R den 1. und letzten U nach bzw vor der Rdm weglassen).

Musterfolge I; Über 89 (95) M; Rdm, 12 (13) M glatt re, * 15 M Ajourmuster **I**, 9 (11) M glatt re, ab * 1 x wdh, 15 M Ajourmuster **I**, 12 (13) M glatt re Rdm.

Musterfolge II; Über 89 (95) M; Rdm, 15 M Ajourmuster **II**, 9 (11) M glatt re, ab * 2 x wdh, 15 M Ajourmuster **II**, Rdm.

Maschenprobe: 27 M und 38 R in den Musterfolgen **I** und **II** bzw im Ajourmuster **III** jeweils mit Nd Nr 2 1/2 gestrickt = je 10 x 10 cm.

Rückenteil: 79 (85) M mit Nd Nr 2 anschl und für den Bund 4 cm im Rippenmuster str, dabei in der letzten Bundr gleichmäßig verteilt 10 M verschränkt aus dem Querfaden zun = 89 (95) M. Anschließend mit Nd Nr 2 1/2 in folg Einteilung weiterarb: 4 (10) R glatt re, 24 R Musterfolge **I**, 0 (4) R glatt re, 14 R Musterfolge **II**, 0 (4) R glatt re, 24 R Musterfolge **I**, 8 (12) R glatt re, 42 R Ajourmuster **III.** Dazwischen nach 20 cm = 78 R (25 cm = 96 R) ab Bund für den rückw Schlitz die Mittelm abk und beide Seiten getrennt beenden. Nach 10 cm = 38 R Schlitzhöhe alle M abk. Die äußeren je 26 (29) M bilden die Schultern, die inneren je 18 M den Halsrand.

Vorderteil: Genauso str, jedoch ohne Schlitz und stattdessen einen Halsausschnitt einarb. Dafür nach 26 cm = 100 R (31 cm = 118 R) ab Bund die mittl 15 M abk und beide Seiten getrennt beenden. Für die Rundung am inneren Rand in jeder 2. R 1 x 4 M, 1 x 3 M, 1 x 2 M und 2 x je 1 M abk. Die restl je 26 (29) M für die Schultern in gleicher Höhe wie am Rückenteil abk.

Ärmel: 41 M und Nd Nr 2 anschl und für den Bund 4 cm im Rippenmuster str, dabei in der letzten Bundr gleichmäßig verteilt 16 M verschränkt aus dem Querfaden zun = 57 M. Anschließend mit Nd Nr 2 1/2 in folg Einteilung weiterarb; 6 (2) R glatt re, 24 R Musterfolge **I**, 0 (4) R glatt re, 14 R Musterfolge **II**, 0 (4) R glatt re, 24 R Musterfolge **I**, 0 (4) R glatt re, 0 (14) R Musterfolge **II**, 8 (2) R glatt re. Für die Ärmelschrägungen ab Bund bds 2 (4) x in jeder 8. R und 9 x in jeder 6. R je 1 M zun = 79 (83) M. Die zugenommenen M n das jeweilige Muster einfügen. Nach 20 cm = 76 R (24 cm = 92 R) ab Bund alle M abk.

Fertigstellung: Teile spannen, anfeuchten und trocknen lassen. Nähte schließen, dabei an den Seitennähten die oberen je 14 (15) cm als Armausschnitte offen lassen. Aus dem Halsausschnittrand mit der Rundstricknd ca 86 M auffassen und für die Halsausschnitt-Rollblende in hin- und hergehenden R 4 cm glatt re str, dann alle M abk. Den rückw Ausschnittschlitz mit 1 R fe M und 1 R Krebsm (= fe M von li nach re gehend) behäkeln, dabei für das Knopfloch in der fe M-Reihe ca 1 cm vom oberen re Rand entfernt 2 Einstichstellen mit 3 Lftm übergehen. Die Lftm in der folg R mit 2 Krebsm behäkeln. Knopf annähen. Ärmel einsetzen.

ZEICHENERKLÄRUNG:

I = *1 M re*

U = *1 Umschlag*

⋨ = *2 M re zusstr*

↓ = *2 M überzogen zusstr (= 1 M wie zum Rechtsstr abh, die folg M re str, dann die abgehobene M darüberziehen)*

↑ = *3 M überzogen zusstr (= 1 M wie zum Rechtsstr abh, die folg 2 M re zusstr, dann die abgehobene M darüberziehen)*

Strickschrift I

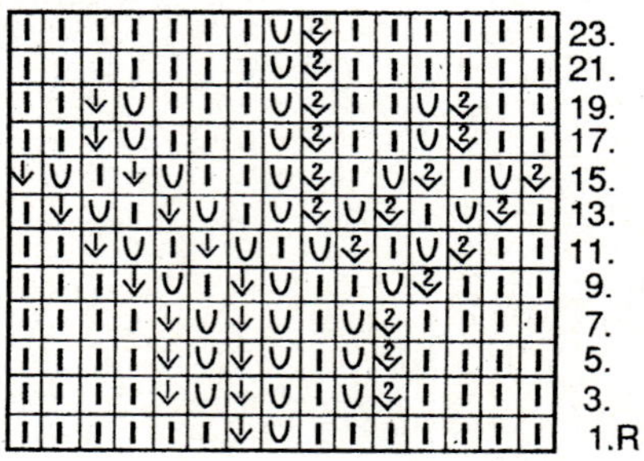

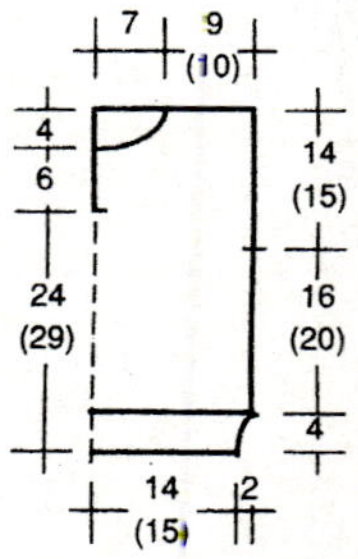

1/2 Vorder- u. Rückenteil

Strickschrift II

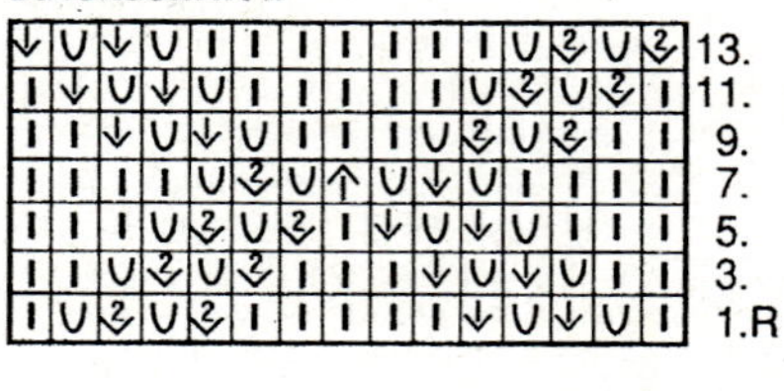

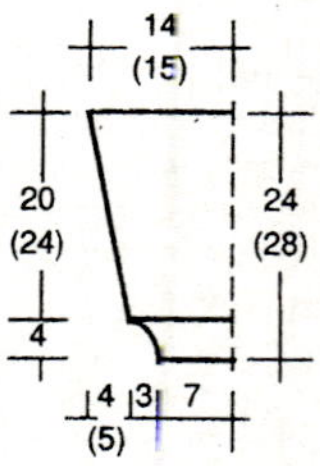

1/2 Ärmel

Strickschrift III

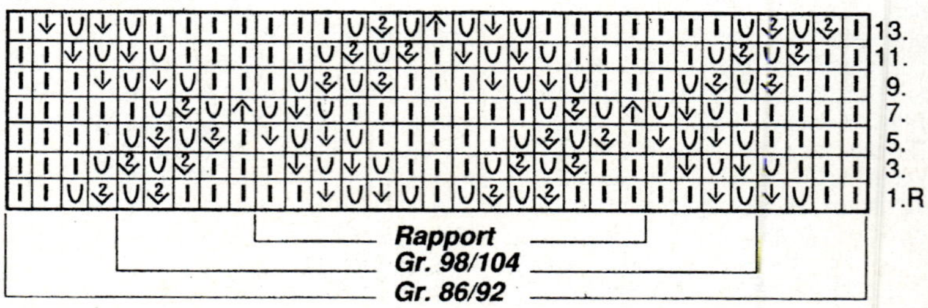

Duftig in Zartgelb

Impressum

SABRINA SPECIAL

erscheint bei **OZ-Verlags-GmbH**, Römerstraße 90, 79618 Rheinfelden
www.oz-verlag.de

Herausgeber: H. + E. Medweth

Objektleitung: Sandra Linsin
Redaktion: Janne Graf
Fachlektorin: Veronika Hug
Cheflayouter: Gundula Zehner-Varga
Layout: R. Dobrunz
Herstellungsleitung: Dieter Model
Vertriebsleitung: Bernd Mantay, Tel.: 07623/964-167, Fax: 07623/964-159
Vertrieb: BPV Medien Vertrieb GmbH & Co KG, Römerstr. 90, 79618 Rheinfelden, www.bpv-medien.com
Heftbestellung: 07623/964-155, bestellservice@bpv-medien.de, www.oz-verlag.de
Creativ-Hotline: 07623/964-417, Mo-Fr 10-16 Uhr
Anzeigenleitung: Sabine Scheu, Telefon: 0761/70578-560
Anzeigenverkauf: Susanne Weis, Telefon: 0761/70578-566, Telefax: 0761/70578-650, E-Mail: anzeigen@oz-bpv.de
Druck: OZ Druck & Medien GmbH, Rheinfelden

Vertrieb Österreich:
Pressegroßvertrieb Salzburg Ges.m.b.H., A-5081 Anif, St.-Leonharder-Straße 10, Tel. 06246 882-5381, Fax 06246 882-5277, e-mail: welcome@leserservice.at

Einzelbestellservice Deutschland:
BPV Medien Vertrieb GmbH & Co. KG, Römerstr. 90, 79618 Rheinfelden. (Bei Bestellrückfragen: Tel. 07623/ 964-155. Überweisen Sie den Gesamtbetrag zuzüglich Versandkosten D€ 1,55 (ab D€ 18,00 Bestellwert **ohne** Versandkosten) unter Angabe der Bestell-Nr. und deutlichem Absender auf Konto Nr. 1447 630 bei der Deutschen Bank, Rheinfelden (BLZ 68370034). Nur Ihre Überweisung gilt als Bestellung - bitte keine separate Postkarte senden.

Einzelbestellservice Schweiz:
ABO-Service, Postfach, CH-4105 Biel-Benken. Überweisen Sie den Gesamtbetrag zuzüglich Versandkosten SFR 3,00 unter Angabe des Titels, der Bestellnummer, Ausgabenummer sowie deutlichem Absender auf das Postscheck-Konto 40-8934-7.

Einzelbestellservice Österreich:
Zu bestellen bei: Leserservice, St.-Leonharder-Straße 10, A-5081 Anif.
Bei Einzelbestellungen zuzüglich Versandkosten A€ 1,75.

Modell 6

Jäckchen mit Einstrickmuster

Größe: 92/98 (104) 110 (116)
Material: 100 (150) 150 (150) g Azur, **je 50 (100) 100 (100) g** Nizza (Fb 4315), Marine (4316) und Weiß (Fb 4301) „Baby Cotton" (100% Baumwolle, LL = 90 m/25 g) von SCHOELLER + STAHL. PRYM-Rundstrick-N Nr 2,5 und 3 sowie 5 (6) 6 (7) Knöpfe.
Im Fachhandel erhältlich oder zu bestellen bei: Lindner`s Textil- und Strickstüberl, Untere Römerstr. 37, 94550 Forsthart, Tel.: 08547/582, Fax: 08547/7130, e-mail: lindner@vilstal.net.
Rippenmuster in Azur mit N Nr 2,5: 1 M re, 1 M li im Wechsel
Grundmuster, gl re mit N Nr 3 bis 3,5: Hin-R re, Rück-R li
Jacquardmuster, gl re: Lt Zählmuster arb, dabei die einzelnen Motive mustergemäß wiederholen. In der Höhe ab 1. R wdh. Mit mehreren Knäueln arb und bei Farbwechsel die Fäden auf der Arbeitsrückseite verkr bzw. in Norwegertechnik arb, d.h. den unbenützten Faden hinten locker mitführen.
Maschenprobe: 28 M + 30 R = 10 x 10 cm
Rücken: Anschlag 108 (112) 118 (124) M und 2 cm Rippenmuster str. Im Jacquardmuster weiterarb. In 20 (22) 24 (26) cm Gesamthöhe für die Armausschnitte beids 7 M abk. In 35 (38) 41 (44) cm Gesamthöhe für den Halsausschnitt die mittl 18 (20) 24 (28) M abk und beide Seiten getrennt beenden, dabei am Halsrand in der 2. R 1 x 10 M abk = 37 (40) 43 (46) cm Gesamthöhe.
Li Vorderteil/re Vorderteil gegengl: Anschlag je 53 (56) 59 (62) M und 2 cm Rippenmuster str. Im Jacquardmuster weiterarb. Armausschnitt an der Außenkante wie am Rücken arb. In 32 (35) 38 (41) cm Gesamthöhe für den Halsausschnitt an der Innenkante 5 (7) 9 (11) M und in jeder 2. R 1 x 4, 1 x 3, 2 x 2 und 2 x 1 M abk. Restl M in Rückenhöhe abk.
Ärmel: Anschlag je 67 (73) 79 (84) M und 2 cm Rippenmuster arb. Im Jacquardmuster weiterarb. Für die Ärmelschräge beids wie folgt zunehmen; **1. Größe:** in jeder 6. R 4 x 1 M und abw in jeder 5.+6. R 10 x 1 M; **2. bzw 4. Größe:** in jeder 6. **bzw** 7. R 14 x 1 M; **3. Größe:** abw in jeder 6.+7. R 14 x 1 M farbgemäß zunehmen. In 31 (33) 35 (37) cm Gesamthöhe die M abk.
Fertigstellung: Schulternähte schließen. Aus dem Halsausschnitt entsprechend M auffassen und nach 2 cm Rippenmuster die M abk. Aus den Vorderteilkanten inklusive Blendenschmalseiten entsprechend M auffassen und nach 2 cm Rippenmuster die M abk. Am re Vorderteil nach 1 cm 5 (6) 6 (7) Knopflöcher arb: 2 M re zusammenstr und 1 Umschlag. Das 1. bzw letzte Knopfloch ca 0,5 cm ab Unter- bzw Ausschnittkante, die restl mit gleichem Abstand dazwischen arb. Ärmel auf Mitte legen und einnähen, restl Nähte schließen. Knöpfe annähen.

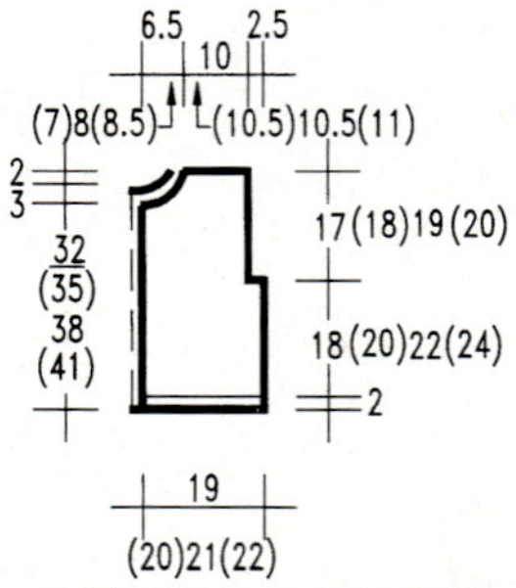

1/2 RÜCKEN- U. LI. VORDERTEIL

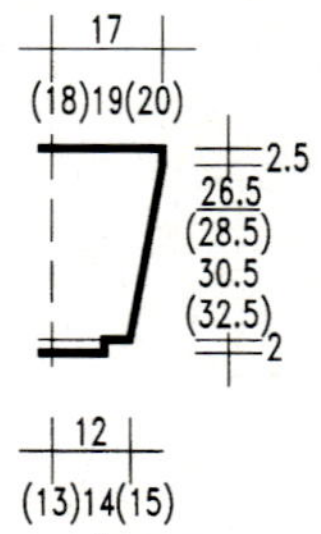

1/2 ÄRMEL

ZEICHENERKLÄRUNG:
1 Kästchen = 1 M + 1 R
☐ = *weiß*
☒ + *1 = nizza*
● + *2 = marine*
3 = azur
╱ = *Plattstich marine dopp*

Zählmuster

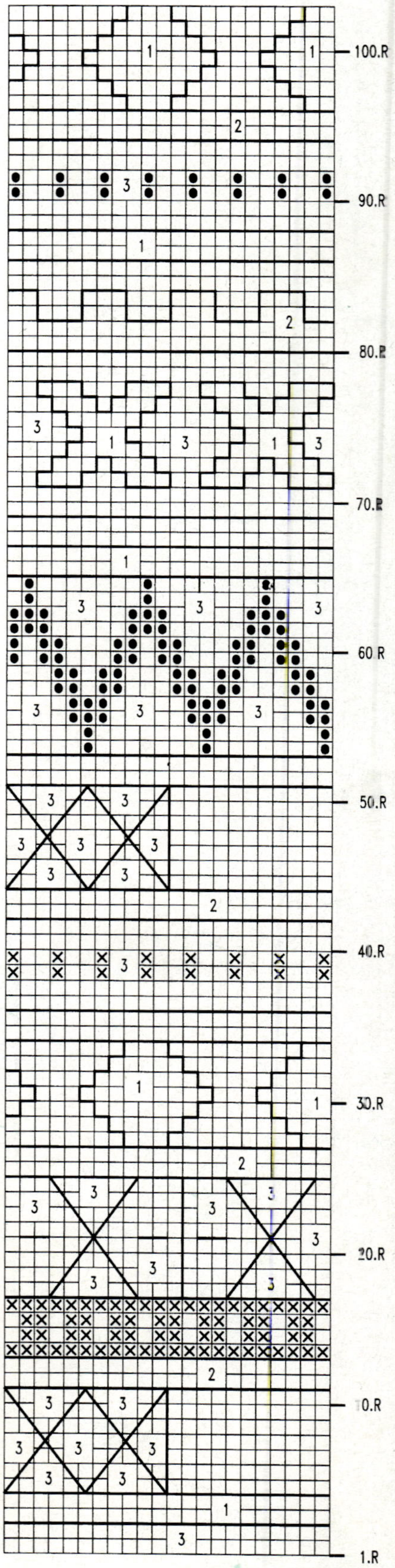

Bezugsquellen

ADDI-Handarbeitshilfen über Gustav Selter, Postfach 8066, 58754 Altena. **AUSTERMANN** über **Austermann Vertriebs-GmbH**, Postfach 1367, 73075 Süssen. Vertretung in Österreich: Messerle & Rein, Textil-Großhandel, Postfach 16, Waelderstr. 29, A-6923 Lauterbach b. Bregenz. **GEDIFRA** über Coats GmbH, Postfach 1254, 73084 Salach. Schweiz: Coats Stroppel AG, Postfach 46, CH-5300 Turgi. Österreich: Harlander Prym Vertriebs GmbH, Postfach 74, A-1211 Wien 21. **Jim Knopf**, Über Ute Holk, Knopfhandel, Hans-Thoma-Str. 12, 60596 Frankfurt. **LANA GROSSA**, Ingolstädter Straße 86, 85080 Gaimersheim. **LANG GARN & WOLLE GMBH**, Püllenweg 20, 41352 Korschenbroich. **Vertretung Schweiz:** LANG & CIE., CH-6260 Reiden, Tel.: 0041/62/7490111. **Vertretung Österreich:** ELISA Großhandels GmbH, Wiener Str. 72, A-3380 Pöchlarn, Tel.: 0043/2757/46710. **ONline KLAUS KOCH GmbH & Co. KG**, Postfach 1310, 35253 Stadtallendorf, **www.online-garne.de.** Österreich: Egon David, Hanriedstr. 6, A-4320 Perg, Tel. 0043/7262-58847. Belgien: Herr Vandenbusche, Debuy C., Vladslostraat 35, B-8610 Werken-Kortemark. **Prym-Handarbeitshilfen**, Postfach 1740, 52220 Stolberg. **SCHACHENMAYR über Coats GmbH**, Postfach 1254, 73081 Salach, www.coatsgmbh.de. Schweiz: Coats Stroppel AG, Postfach 46, CH-5300 Turgi. Österreich: Coats Harlander Ges.m.b.H., Postfach 74, A-1211 Wien 21. **Schoeller & Stahl GmbH**, Postfach 1160, 73073 Süssen. Vertretung in Österreich: Messerle & Rein, Textil-Großhandel, Postfach 16, Waelderstr. 29, A-6923 Lauterbach b. Bregenz, Tel: 05574/73742-0, Fax 05574/73742-31, office@messerle-rein.com. **Union Knopf**, Lilienthalstr. 2-4, 33689 Bielefeld

Versender

Lindner's Textil- und Strickstüberl, Untere Römerstr. 37, 94550 Forsthart, e-mail: lindner@vilstal.net. Woll-und Strickstudio, **Ruth Kindla**, Jochensteinstraße 6, 90480 Nürnberg. **Heide Opitz**, Dickswall 4, 45468 Mülheim/Ruhr.

Glutenfrei Kochen
schnell und schmackhaft

Anne Sheasby

Glutenfrei Kochen

schnell und schmackhaft

Bechtermünz Verlag

Originaltitel: The Gluten-Free Cookbook

Zuerst veröffentlicht durch Lorenz Books
Lorenz Books ist ein Imprintverlag von
Anness Publishing Limited

Deutsche Erstausgabe

Produktion der deutschen Ausgabe:
Thomas Heider, Bergisch Gladbach
Übersetzung: Birgit Lamerz-Beckschäfer, Datteln
Ernährungsberatung: Helen Daniels
Design: Carole Perks
Fotografie: William Lingwood
Styling: Claire Louise Hunt
Umschlaggestaltung: Studio Höpfner-Thoma, München
Umschlagmotiv: StockFood, München
Gesamtherstellung: Star Standard Industries Pte. Ltd.
Printed in Singapore
ISBN 3-8289-1026-2

HINWEIS

Den Rezepten in diesem Buch liegen folgende Mengenangaben zugrunde:
1 Teelöffel (TL) = 5 ml, 1 Eßlöffel (EL) = 15 ml, 1 Tasse = 250 ml.
Es werden mittelgroße Eier verwendet, falls nicht anders angegeben.

INHALT

Einleitung

Wenn Sie dieses Kochbuch gekauft haben, dann stehen Sie wahrscheinlich vor dem Problem, sich selbst oder einen Ihnen nahestehenden Menschen glutenfrei ernähren zu müssen. Am häufigsten steckt dahinter die Diagnose einer Zöliakie. Vielleicht leiden Sie aber auch an einer Allergie oder an einer seltenen Hautkrankheit. Die Aussicht auf eine lebenslange Diät ist sicher nicht verlockend, aber Gluten kann man recht einfach meiden, zumal die Auswahl an leckeren Sachen, die Sie essen dürfen, riesengroß ist. Auch Ihrer Familie und Freunden wird schmecken, was Ihnen gut bekommt.

Was ist Gluten?

Gluten ist ein Eiweiß in Weizen und Roggen. In Hafer und Gerste gibt es verwandte Eiweißstoffe. Wird das Korn gemahlen, liefert Gluten dem Mehl die Fähigkeit, beim Backen zu Brot zu verkleben, deshalb wird es auch einfach »Kleber« genannt. Die meisten können Gluten problemlos verdauen, doch bei manchen besteht eine genetische Disposition.

Zöliakie

Die lebenslang bestehende Verdauungsschwäche aufgrund einer Überempfindlichkeit gegen Gluten betrifft etwa jeden 1000sten bis 1500sten Menschen. Früher hielt man Zöliakie für eine Kinderkrankheit, doch heute weiß man, daß sie zwar von Geburt an besteht, manchmal jedoch erst viel später in Erscheinung tritt. Heutzutage sind viel mehr Erwachsene als Kinder von dieser Krankheit betroffen, meist in Form der sogenannten einheimischen Sprue. Die Mehrzahl der neu diagnostizierten Fälle betrifft Menschen zwischen dem 30. und 45. Lebensjahr, erstaunlich viele sogar erst mit über sechzig.

Die Krankheit tritt familiär gehäuft auf. Man vermutet, daß die Krankheit in vielen Fällen gar nicht erkannt wird, so daß die Dunkelziffer wahrscheinlich um einiges höher liegt.

Die Griechen kannten die Zöliakie bereits im 2. Jahrhundert n. Chr. Das Wort ist abgeleitet von dem griechischen Begriff »koiliakos«, das »Darmbeschwerden« bedeutet.

Bei einem Menschen mit gesundem Verdauungstrakt wird die Nahrung im Magen und Zwölffingerdarm aufgeschlossen und wandert dann durch den Dünndarm. Dort befinden sich faden-

Symptome

Eine Zöliakie kann mit ganz unterschiedlichen Symptomen einhergehen, die auch bei anderen Erkrankungen auftreten. Deshalb muß zuallererst die Diagnose abgesichert werden.

Ein Erwachsener mit Zöliakie ist meist chronisch müde (oft aufgrund einer Anämie, bedingt durch verminderte Resorption von Eisen und Folsäure). Viele Patienten haben Mundgeschwüre und unklare Bauchbeschwerden wie etwa Völlegefühl und Blähungen. Manche Patienten fühlen sich richtig krank und leiden unter Erbrechen, Durchfall und Gewichtsverlust. Einige haben schon seit Jahren Magenbeschwerden, während die Erkrankung bei anderen plötzlich auftritt.

Bei einem Säugling z. B. machen sich erste Anzeichen der Zöliakie beim Abstillen mit etwa drei Monaten bemerkbar. Fühlt sich ein Baby, das bislang problemlos gestillt wurde, bei den Mahlzeiten deutlich unwohl und verweigert es die Nahrung, sollte man einen Arzt zu Rate ziehen.

Bleibt die Krankheit unerkannt, verliert ein Säugling mit Zöliakie an Gewicht, er wird teilnahmslos, das Bäuchlein ist geschwollen. Der Stuhl der Babys ist meist sehr hell. Wird nichts unternommen, kann sich der Gesundheitszustand des Kindes dramatisch verschlechtern.

Links: Lassen Sie sich zu einer glutenfreien Ernährung von Ihrem Hausarzt beraten.

förmige Ausstülpungen der Darmwand, die Zotten oder Mikrovilli, für die Resorption lebenswichtiger Nährstoffe zuständig.

Verzehrt ein Zöliakie-Patient glutenhaltige Lebensmittel, reagiert der Darm auf die Nahrung so, als handelte es sich um einen Fremdkörper. Eine Immunreaktion wird in Gang gesetzt. Die Darmschleimhaut entzündet sich, dadurch werden die Zotten verkürzt. Das Ergebnis ist eine Verkleinerung der Schleimhautoberfläche, so daß der Darm nicht mehr in der Lage ist, Nährstoffe in ausreichendem Maße zu resorbieren. Mit der Zeit kommt es zu Gewichtsabnahme und Auszehrung, dem sogenannten Malabsorptionssyndrom.

Wie und warum Gluten dem Dünndarm schadet, ist nicht genau bekannt, aber die einzige Behandlungsmethode für eine gesicherte Zöliakie besteht in strikt glutenfreier Ernährung, und zwar ein Leben lang. Sobald kein Gluten mehr aufgenommen wird, normalisieren sich die Darmzotten wieder. Allerdings darf man nun nie wieder Gluten essen, denn der Körper ist dagegen sensibilisiert. Gelegentliche kleine »Sünden« haben meist keine schlimmen Folgen, doch wenn die Diät nicht strikt eingehalten und regelmäßig auch nur eine kleine Menge glutenhaltiger Nahrungsmittel verzehrt werden, treten die unangenehmen Symptome sofort wieder auf und verursachen nicht nur Unwohlsein, sondern schädigen die empfindliche Dünndarmschleimhaut weiter.

Manchmal stellt sich der Erfolg einer glutenfreien Ernährung gleich zu Beginn deutlich ein, doch in den meisten Fällen kommt es eher zu einer allmählichen Besserung. Es dauert nun einmal seine Zeit, bis die Dünndarmzotten wieder regeneriert sind.

Da viele Patienten feststellen, daß fettreiche Kost ihren Magen reizt, ist es vor allem zu Beginn der Diät sinnvoll, sie zu meiden. Im Zweifelsfall spricht man am besten mit dem Hausarzt darüber, denn Reizungen des Magens können auch andere Ursachen haben.

Weizenallergie und Dermatitis herpetiformis

Auch für Menschen, die an einer Allergie gegen Weizen leiden, bietet sich eine strikt glutenfreie Ernährung an. Ebenso günstig wirkt sie sich bei Dermatitis herpetiformis, einer seltenen Hautkrankheit, aus.

Symptome

Eine Weizenallergie kann mit unterschiedlichen Symptomen einhergehen, u. a. Schmerzen in Gelenken und Muskeln, Husten, Niesen, laufender Nase, Tränen und Jucken der Augen, Hautausschlag, Ekzemen, Schwächegefühl und Schwindel. Weitere Erscheinungen können Schwellungen im Rachen oder an der Zunge mit Schluckbeschwerden sein, außerdem Brustschmerzen, Herzjagen, Übelkeit und Erbrechen, Durchfall, Lethargie und Stimmungsschwankungen. Solche Symptome kommen natürlich bei allen möglichen Erkrankungen vor. Wer darunter leidet, sollte sich deshalb in jedem Fall zunächst gründlich untersuchen lassen, bevor er an eine Weizenallergie denkt.

Erhärtet sich der Verdacht, sollte man Weizen völlig verbannen, auch Weizeneiweiß und -stärke. Manche dieser Patienten vertragen auch andere Getreide wie Roggen, Mais und Gerste nicht, die meisten haben jedoch im Gegensatz zu Zöliakie-Patienten keine Probleme mit Hafer.

Glutenfrei ausgewiesene Produkte sind meist auch weizenfrei, jedoch nicht zwangsläufig. Natürlich enthalten sie kein Gluten, dafür vielleicht Weizenstärke. Schauen Sie sich das Etikett auf der Packung immer genau an.

Die ebenfalls durch eine Überempfindlichkeit gegen Gluten verursachte Dermatitis herpetiformis ist eine seltene Hautkrankheit, die mit heftig juckendem Ausschlag einhergeht. Es bilden sich rote Knoten und Blasen, meist an den Ellbogen, am Gesäß und an den Knien. Oft treten diese Erscheinungen im Alter zwischen 15 und 40 erstmals auf. Die Krankheit ist bei Kindern selten, kann jedoch im Prinzip jede Altersgruppe treffen.

An Dermatitis herpetiformis leidet etwa jeder 20 000ste, Männer häufiger als Frauen. Die Diagnose erfolgt durch einen Hautarzt.

Da es um Gluten geht, besteht bei vielen Patienten mit Dermatitis herpetiformis zugleich eine Zöliakie, wenn auch meist in milderer Form. Eine glutenfreie Ernährung bessert auf Dauer die Hauterscheinungen und die leichte Zöliakie, allerdings dauert es meist lange, bis der Ausschlag völlig abklingt.

Diagnose

Bei Erwachsenen ebenso wie bei Kindern ist das Allerwichtigste eine korrekte ärztliche Diagnose, bevor eine Diät in Angriff genommen wird.

Die Diagnose erfolgt mit einem Standardtest, einer sogenannten Jejunumbiopsie. Dabei wird im Krankenhaus ambulant unter leichter Sedierung etwas Gewebe aus der Zottenauskleidung der Dünndarmwand entnommen. Die mikroskopische Untersuchung zeigt dann, ob eine Zöliakie vorliegt oder nicht.

Ist die Diagnose positiv, braucht der Patient lediglich eine vollwertige, abwechslungsreiche glutenfreie Ernährung, damit sein Darm wieder gesund wird. Kurzfristig verschreibt ihm der Arzt wahrscheinlich zudem Vitamin- und Mineralpräparate.

Gesunde Ernährung

Für uns alle, ob wir unter Zöliakie leiden oder nicht, bedeutet eine gesunde, ausgewogene Ernährungsweise, daß wir dem Körper alle lebenswichtigen Nährstoffe zuführen. Zu einer ausgewogenen Ernährung gehören Eiweiß, Kohlenhydrate, Fett und Ballaststoffe im richtigen Verhältnis sowie eine ausreichende Versorgung mit Mineralien und Vitaminen. Wer seinen Speisezettel mit Verstand zusammenstellt, tut etwas für seine Gesundheit, stärkt seine Abwehrkräfte und schützt den Körper vor Herz-Kreislauf-Erkrankungen, Darmstörungen, Übergewicht und vor bestimmten Krebsarten.

Viele Ernährungsprobleme haben mit modernen Lebensweisen zu tun. So hat der Wunsch nach sofortiger Bedürfnisbefriedigung zu Fast Food und zur Entstehung einer gigantischen Nahrungsmittelindustrie geführt; die Fertiggerichte enthalten weniger Ballaststoffe, Mineralien und Vitamine als selbst zubereitete Gerichte, dafür mehr Fett und Zucker. Solche Speisen sind oft durchaus schmackhaft, stillen den Hunger aber nur kurze Zeit, so daß man zwischendurch mit Knabbereien und Süßigkeiten gegen den »kleinen Hunger« angehen muß.

Das A und O gesunder Ernährung ist die Vielfalt. Wir sollten Tag für Tag eine Mischung aus den fünf großen Lebensmittelgruppen zusammenstellen und abwechslungsreich zubereiten.

Sehr wichtig ist viel Obst und Gemüse (mindestens fünf Portionen täglich plus Kartoffeln), und auch (ggf. glutenfreie) Getreideprodukte und Nudeln, Reis und Kartoffeln sollten häufig auf dem Speiseplan stehen. Dazu kommen kleine Mengen mageres Fleisch, Fisch, Geflügel und Milchprodukte sowie wenige fett- und zuckerhaltige Speisen.

Weniger Fett zu essen (vor allem gesättigte Fettsäuren) tut uns allen gut. Das gelingt z. B., indem man alles sichtbare Fett vom Fleisch abschneidet, Grillen dem Braten vorzieht und möglichst die fettärmere Version wählt.

Empfehlenswert ist auch, an Zucker und Salz zu sparen. Wichtig sind regelmäßige Mahlzeiten (dreimal täglich), wenig Alkohol und viel Bewegung.

Die fünf Nahrungsmittelgruppen

Oben: Fleisch, Geflügel, Fisch und rein pflanzliches Eiweiß in Maßen verzehren.

Oben: Bei Milch und Milchprodukten muß auf den Fettgehalt geachtet werden.

Oben: Bei fett- und zuckerreichen Nahrungsmitteln gilt: Weniger ist mehr.

Links: Obst und Gemüse. Versuchen Sie, täglich mindestens fünf Portionen Obst und Gemüse zu essen (Kartoffeln extra gerechnet).

Rechts: Kartoffeln, Reis, Brot, Getreide und Nudeln (glutenfrei).

BALLASTSTOFFE

Zöliakie-Patienten fragen sich oft, ob sie wegen ihrer Unverträglichkeit gegen Weizen und Kleie womöglich nicht genug Ballaststoffe bekommen. Als Zugabe bieten sich Soja- oder Reiskleie, ungeröstete Nüsse sowie ungeschältes frisches Obst und Gemüse an, außerdem Naturreis, Bohnen und Hülsenfrüchte. Im Handel werden auch ballaststoffreiche glutenfreie Fertiggerichte angeboten.

Bevor die Zöliakie diagnostiziert wird, leiden viele Patienten an Gewichtsverlust und Auszehrung, weil ihr Darm nicht in der Lage ist, lebenswichtige Nährstoffe aus der Nahrung zu resorbieren. Hat sich der Körper allerdings erst einmal an eine glutenfreie Ernährung gewöhnt, tritt oft genau das Gegenteil ein. Da der Patient wieder Appetit hat und ihm das Essen besser bekommt, ißt er womöglich mehr, als der Körper braucht – und nimmt zu. Übergewicht ist nicht nur für Zöliakie-Patienten ein Problem, und als Maßnahme empfiehlt sich für alle gleichermaßen eine vernünftige, ausgewogene Ernährung, damit die Pfunde reduziert werden.

Manche Zöliakie-Patienten finden es zu Beginn einfacher, mit schlichten Speisen anzufangen, etwa mit pochiertem Lachs mit neuen Kartoffeln und Kaiserschoten oder gegrillten Lammkoteletts mit geröstetem Paprika und einem frischen Obstsalat als Nachtisch. Sobald man Routine darin entwickelt hat, Saucen, Gebäck und Süßspeisen glutenfrei zuzubereiten, kann man sich an komplizierte Rezepte wagen.

BALLASTSTOFFREICHE, GLUTENFREIE SPEISEN IM HANDUMDREHEN

- Hausgemachte Gemüse-, Bohnen- oder Linsensuppe.
- Mit glutenfreien Baked Beans gefüllte Backofenkartoffeln.
- Gekochte Maiskolben.
- Salat aus gekochtem Naturreis oder Buchweizen mit gewürfeltem Staudensellerie, Möhren, Tomaten, gelber Paprika, Frühlingszwiebeln und Walnüssen.
- In Honig und Sesam gewendete frische Ananasstücke.
- Obstsalat aus Bananen, Äpfeln, Pflaumen und Orangenspalten, mit ein paar gehackten Datteln und Rosinen.
- Banana-Frosties: Reife Bananen schälen und mit Honig bestreichen, in gerösteten und gehackten Haselnüssen wälzen, auf Backpapier einfrieren.

Unten: Ballaststoffreiche Nahrungsmittel, im Uhrzeigersinn v. l.: geschälte Erbsen, Tellerlinsen, rote Linsen, Naturreis, Wachtelbohnen, Kidney-Bohnen, Nüsse, Mandeln.

WAS DARF MAN ESSEN, WAS NICHT?

Ausgeschlossen sind alle Lebensmittel, die Weizen, Gerste, Roggen oder Hafer enthalten. Hafer wird zwar von manchen Zöliakie-Patienten vertragen, von anderen jedoch nicht, so daß man ihn vorsichtshalber ausschließen sollte. Daß aus Weizen hergestellte Nahrungsmittel wie Brot, Kuchen, Plätzchen, Nudeln und andere Teigwaren glutenhaltig sind, versteht sich von selbst, aber es gibt Nahrungsmittel, bei denen das nicht gleich ersichtlich ist, etwa dann, wenn Weizenmehl zum Panieren oder Bestäuben oder zum Andicken von Suppen, Saucen oder Pudding verwendet wird.

VON NATUR AUS GLUTENFREIE NAHRUNGSMITTEL

- Fleisch, Fisch und Geflügel (frisch oder TK-Ware) ohne Füllung, Marinade oder Panade; Corned Beef, gekochter Schinken sowie andere geräucherte oder gepökelte Fleischwaren ohne Zusätze; frischer, gefrorener oder geräucherter Fisch oder Meeresfrüchte natur, Fischkonserven in Öl, Salzlake oder Wasser.

Oben: Anchovis in Öl, geräucherte Makrele und gekochte Garnelen sind von Natur aus glutenfrei.

- Obst und Gemüse, Dörrobst und Hülsenfrüchte, Dosenobst in Sirup oder im eigenen Saft ohne Zusätze, Dosengemüse in Lake oder Wasser, in Essig eingelegte Gemüse, Kartoffelchips
- Eier
- Nüsse und Samen, allerdings nur ohne alle Zusätze; Erdnußbutter
- Gelatine und Agar-Agar
- Milchprodukte: alle naturreinen Käsesorten (keine Brotaufstriche, verarbeiteter Käse und Schmelzkäse), Milch, Sahne, Naturjoghurt, Frischkäse; auch Milchpulver und Kondensmilch ohne Zusätze
- Fette und Öle: naturreine Pflanzenöle wie Oliven-, Sonnenblumen- und Rapsöl; Butter, Margarine (ohne Weizenkeimöl), fettreduzierte Butter- und Margarinezubereitungen
- Zucker in jeder Form, etwa naturreiner Honig, Sirup, Melasse, Rübenkraut
- Eingemachtes Obst, Gelees, Marmeladen und Konfitüren
- Aromen, Kräuter, Gewürze: Salz, frisch gemahlener schwarzer Pfeffer, Pfefferkörner, Apfel- oder Weinessig, Gewürze im ganzen oder als Pulver, Tomatenmark, Knoblauchpaste, natürliche Aromen wie Vanille und Mandelextrakt, reine Lebensmittelfarben.
- Frühstücksflocken wie Reis-Crispies, Puffreis, bestimmte Sorten Cornflakes

Oben: Auch das Frühstück ist unproblematisch, denn Eier, Schinken und Konfitüre, Milch und Frühstücksflocken (Reis-Crispies und bestimmte Cornflakes) sind unbedenklich. Es gibt sogar glutenfreien Toast.

Oben: Farbe und Geschmack der Speisen lassen sich durch schwarzen Pfeffer, Tomatenmark, Rotweinessig, gemahlenen Zimt sowie naturreine Aromen und Farbstoffe aufpeppen.

- Getreide, als ganzes Korn oder gemahlen: Buchweizenflocken und -mehl sowie Mehl aus Johannisbrot, Kichererbsen, Mais, Hirse, Kartoffeln, Sorghum, Soja, Eßkastanien, Liebesgras, Yamswurzeln und gelbe Erbsen, Pfeilwurzelmehl (Arrowroot), Reis (alle Sorten, auch Wildreis, Reismehl und -grieß), Maisschrot, Hirse (auch Flocken und Körner), Polenta, Quinoa, Sago und Tapioka.
- Feine Schokolade ohne Zusätze
- Hefe und Hefeextrakt

Reisnudeln (Glasnudeln), Teigwaren aus Maismehl, Reis-, Buchweizen- und Hirsemehl ohne Zusätze. Achten Sie darauf, daß den Teigwaren kein Weizenmehl, Stärke oder Bindemittel zugesetzt sind.

- Getränke wie Tee, Kaffee, Fruchtsäfte (möglichst ungesüßt), Cidre, Wein, Sherry, Portwein oder Weinbrand.

GLUTENFREIE FERTIGPRODUKTE

Mittlerweile gibt es eine ganze Reihe von glutenfreien Nahrungsmitteln fertig zu kaufen, etwa Brot, Kuchen, Kekse, Cracker und Riegel, außerdem Mehl sowie Backmischungen für Brot und Kuchen, Müslis, Teigwaren und Zwieback. Man bekommt viele solcher Waren oft schon in der Diätecke normaler Supermärkte, vor allem aber in Naturkostläden und Reformhäusern. Leider sind sie oft nicht ganz billig.

Glutenfrei hergestellte Lebensmittel renommierter Firmen sind sehr nützlich, denn sie sehen praktisch genauso aus wie die entsprechenden weizenhaltigen Produkte, was etwa bei einem Kinderfest sehr praktisch ist, weil die kleinen Gäste keinen Unterschied merken.

Viele ganz normale Dosen- und Fertiggerichte sind ohnehin glutenfrei.

Wenn Sie zum ersten Mal Produkte wie glutenfreies Mehl oder Backmischungen verwenden, befolgen Sie bitte genau die Anweisungen auf der Packung.

WAS SIE MEIDEN SOLLTEN

Folgende Nahrungsmittel enthalten immer Weizen-, Gersten-, Roggen- oder Hafermehl. Sie müssen deshalb generell darauf verzichten:

- Weizenkörner, -kleie, -keime und -flocken sowie Weizenmehl in allen Ausmahlungsgraden, auch Vollkornmehl, Weizenpuder (Weizenstärke), Weizenkeimmehl, Bulgur, Kuskus, Hartweizengrieß (in Nudeln!), Kindergrieß, Schrot
- Gerstenkörner, Graupen, Perlgraupen, Gerstenflocken, -mehl und -schrot
- Roggenkörner, -flocken, -mehl und -schrot
- Haferkörner, feine und kernige Haferflocken, Hafermehl und -schrot
- Dinkel- und Grünkernmehl und -schrot (auch in Teigwaren).

GÄNGIGE NAHRUNGSMITTEL, DIE EVTL. GLUTEN ENTHALTEN

- Trockene Nahrungsmittel wie Backpulver, Malzextrakt, Curry- und Senfpulver, Glutamat, Tütensuppen und -saucen, Gewürzmischungen, Pfeffermischungen und gemahlener weißer Pfeffer, Brühwürfel
- Teigwaren (außer italienischer Pasta enthalten auch einige asiatische Nudelsorten Weizen, auch wenn sie aus anderen Getreiden hergestellt sind)
- Einige Sorten Cornflakes
- Salatfertigsaucen und -dressings, Sojasauce, Malzessig, Senf
- Einige käsehaltige Brotaufstriche, einige aromatisierte Joghurts
- Wurst und Aufschnitt, Fleischpasteten, Frikadellen, Hamburger, panierte oder im Teigmantel gebackene Speisen
- Geröstete Nüsse
- Oblaten (glutenfreie Oblaten kann man bestellen!)
- Bier und alle malzhaltigen Getränke.

Oben rechts: Nahrungsmittel wie Malzessig, Hartweizennudeln, geröstete Nüsse, Senf und Malzmilch enthalten Gluten und müssen vom Speiseplan gestrichen werden.

Unten: Die Palette glutenfreier Spezialprodukte reicht von Keksen über Getreideflocken und Maisnudeln bis zu Mehl.

LEBENSMITTEL-BEZEICHNUNG

Die Nahrungsmittelindustrie ist gesetzlich verpflichtet, ihre Produkte mit einer Inhalts- und Zutatenliste zu versehen. Allerdings sind glutenhaltige Bestandteile nicht immer direkt zu erkennen. Fragen Sie genauer nach bei: Binde- und Verdickungsmitteln, Getreide, Stärke/Speisestärke, oxidierter Stärke, modifizierter Stärke, Mono- oder Distärkephosphat, Mehl, pflanzlichem Eiweiß und Malzextrakt.

DIE GLUTENFREIE KÜCHE

Die glutenfreie Zubereitung ist eigentlich nicht viel anders als die normale Küche, außer daß bestimmte Zutaten durch andere ersetzt werden, die aber ebenso schmackhaft sind. Sobald Sie sich mit der Liste der erlaubten Lebensmittel vertraut gemacht haben (und genau wissen, was verboten ist), kochen Sie einfach leckere Sachen, die allen schmecken. Sie werden sich rasch daran gewöhnen, zum Kochen, Backen, Andicken und Panieren andere Getreideprodukte als Mehl zu verwenden.

Als Neueinsteiger werden Sie sich sicher zunächst lieber an simple Rezepte heranwagen, etwa gegrilltes Fleisch mit frischem Gemüse. Das ist natürlich gesund, aber schließlich soll Essen ja auch Spaß machen, und wenn Sie das nächste Mal einen Pudding kochen, Kuchen backen oder Schnitzel panieren, dann nehmen Sie einfach ein anderes – glutenfreies – Getreide dafür. Ihre Familie kann sich auf die gewohnten Leckereien freuen, und der Zöliakie-Patient fühlt sich nicht ausgegrenzt.

GLUTENFREIES MEHL

Weil das Eiweiß Gluten in der Lage ist, Teig beim Backen zu »kleben«, kann es sein, daß Sie bei der Verwendung glutenfreier Mehlsorten ein zusätzliches Bindemittel benötigen. Befolgen Sie Rezepte für Backwaren ganz genau, denn sie sind gerade im Hinblick auf dieses Problem zusammengestellt. Manchmal ist eine Kombination verschiedener Speisestärken besser als eine einzige Sorte, oft reicht ein zusätzliches Ei, Pektinpulver, ein geriebener Apfel oder eine zerdrückte Banane, um glutenfreien Teig zu binden.

HACKFLEISCHGERICHTE

Frikadellen, Hamburger und Hackbraten werden traditionell mit einem eingeweichten Brötchen gebunden, aber es geht auch ohne. Klopse aus schierem Tatar oder Gehacktem schmecken hervorragend, und Hackbraten halten auch ohne Brötchen zusammen. Wenn Sie unbedingt ein Bindemittel benötigen, nehmen Sie Reismehl und ein Ei.

BEIM BACKEN AUFPASSEN

Wenn Sie Brot, Kuchen und sonstiges Gebäck nur zum Teil glutenfrei herstellen, den Rest aber normal backen, halten Sie die Zutaten sorgfältig getrennt, damit nicht etwa kleine Mengen Weizenmehl in den glutenfreien Teil des Teigs gelangen, etwa durch ungespülte Backutensilien. Bei einer stark allergisch reagierenden Person ist es sinnvoll, separate Backformen, Bleche und Kochgeschirre zu verwenden.

TIPS FÜR DIE GLUTENFREIE KÜCHE

- Verwenden Sie kein Semmelmehl (außer, es ist eindeutig glutenfrei) zum Panieren. Zerdrücken Sie glutenfreie Cornflakes, und wenden Sie die Speisen darin.

- Bestäuben Sie Fleisch beim Braten nicht mit Mehl, sondern verwenden Sie dazu glutenfreie Mehlsorten wie Mais- oder Reismehl.

- Kartoffelstärke eignet sich hervorragend zum Andicken von Saucen, Eintöpfen und Suppen.

- Rollen Sie glutenfreien Teig auf Backpapier aus, dann läßt er sich leichter in die Backform befördern.

- Ist ein glutenfreier Teig allzu krümelig geraten, rollen Sie ihn gar nicht erst aus, sondern schütten Sie ihn in die Backform und drücken ihn ringsum an.

- Backformen einfetten oder mit Backpapier auslegen.

- Bei glutenfreiem Brot oder Kuchen lohnt es sich, einige Exemplare mehr zu backen, denn glutenfreie Backwaren lassen sich problemlos einfrieren und halten sich so wochenlang frisch. Frieren Sie immer kleine Portionen ein, dann können Sie jeweils nur soviel auftauen, wie Sie auch benötigen.

VORRATSHALTUNG

Bestücken Sie Ihre Vorratskammer mit folgenden Nahrungsmitteln, damit Sie stets etwas für eine glutenfreie Mahlzeit im Haus haben:

- Glutenfreie Cornflakes, Reis-Crispies, Puffreis
- Fischkonserven, etwa Anchovis, Sardinen oder Thunfisch in Öl, Salzlake oder Wasser
- Glutenfreie Fleisch- und Wurstkonserven
- Gemüsekonserven in Wasser, Lake oder Saft, Sauerkonserven
- Hülsenfrüchte und Kartoffelchips natur
- Obstkonserven in Sirup
- Dörrobst, kandierte Kirschen
- Fruchtsäfte
- Reis, Glasnudeln und andere glutenfreie Teigwaren
- Ungeröstete Nüsse und Samen, Erdnußbutter ohne Zusätze
- Zucker, naturreiner Sirup, Honig, Gelee, Marmelade und Konfitüre
- Milchpulver, Kondensmilch, Tee, Kaffee, feine Schokolade ohne Zusätze

- Glutenfreie Mehlsorten, z. B. Reismehl, glutenfreies Maismehl, feine und grobe Polenta, Kartoffelstärke, Sojamehl
- Reis-, Buchweizen- und Hirseflocken, Sago
- Gelatine oder Agar-Agar, Hefe
- Naturreine Pflanzenöle, Wein- oder Apfelessig
- Aroma- und Farbstoffe ohne Zusatzstoffe
- Tomatenmark, Knoblauchpaste, glutenfreie Sojasauce.

Oben: Folgende Nahrungsmittel sollten Sie stets im Haus haben: Reistaler, Polenta, naturreine Gewürze, getrocknete Kräuter, glutenfreies Maismehl, Glasnudeln, Reis und glutenfreies Mehl.

Links: Halten Sie immer einige glutenfreie Nahrungsmittel bereit, etwa Marmeladen, Dosenfrüchte und -gemüse, eingelegte Zwiebeln, Chips, Dörrobst und Frühstücksflocken.

Glutenfreie Beilagen

Kartoffeln und Reis sind glutenfreie Kohlenhydratlieferanten. Sie eignen sich für viele Speisen als Beilagen und lassen sich abwechslungsreich zubereiten. Probieren Sie einmal aus, was sich aus glutenfreien Teigwaren alles zaubern läßt. Glasnudeln, Maisnudeln und Polenta passen prima zu Gerichten mit Sauce. Polenta schmeckt frisch gekocht ebenso köstlich wie abgekühlt, in Scheiben und gebraten.

Kartoffeln

Nur wenige Gemüse sind so vielseitig wie die Kartoffel. Neue Kartoffeln schmecken am besten gekocht. Backofenkartoffeln mit einer leckeren Füllung bilden eine vollwertige Mahlzeit. Hausgemachte Chips sind eine Delikatesse, die Sie trotz glutenfreier Diät genießen dürfen. Kartoffelpuffer und in zerstoßenen glutenfreien Cornflakes oder Brotkrumen gewälzte Kroketten sind gute Beilagen. Auch Püree läßt sich abwandeln. Zum Braten und Fritieren die Kartoffeln nicht schälen, sondern nur gut abbürsten, denn die Schale wird schön knusprig und enthält Ballaststoffe und Vitamine. Abwechslung bieten Süßkartoffeln oder Yams.

Oben: Kartoffeln, Süßkartoffeln und Yamwurzeln sind von Natur aus glutenfrei.

Reis

Reis gibt es in vielen Sorten, von Natur- oder Vollreis über geschälten Reis, Langkorn-, Rundkorn-, Milchreis, Basmati- oder Duftreis bis zu Avorio- oder Risottoreis. Alle sind glutenfrei, ebenso wie Wildreis, der eigentlich zu einer anderen Pflanzenfamilie gehört. Reis wird gekocht, gebraten oder kalt für Salate verwendet.

Unten: Beschränken Sie sich nicht auf weißen Reis. Testen Sie zur Abwechslung einmal Wildreis, Naturreis oder einen Risotto.

Glasnudeln (Reisnudeln)

Sie bestehen aus Reismehl und Wasser und werden in unterschiedlicher Form und Dicke angeboten, auch als hauchdünne Blätter für Wan-Tans. Man bekommt sie meist getrocknet. Sie werden eingeweicht und dann kurz gekocht.

Maismehlnudeln

Teigwaren aus Maismehl ohne Bindemittel und Stärke eignen sich bestens für eine glutenfreie Ernährung. Sie werden in verschiedenen Aromen (etwa mit Petersilie, Spinat und Chili) und Formen angeboten, von Spaghetti bis zu Gabelnudeln und Muscheln.

Oben: Teigwaren aus Maismehl, Glasnudeln und Polenta sind köstliche Beilagen.

Polenta

Grob und fein gemahlener Mais ist in Italien ein Grundnahrungsmittel neben Nudeln oder Reis. Man rührt Polenta in kochendes Wasser oder Brühe ein und läßt sie ausquellen.

So kocht man Polenta

1,2 l Salzwasser oder Brühe in einem großen Topf zum Kochen bringen und unter ständigem Rühren 175 g Polentagrieß in das kochende Wasser rieseln lassen. Ohne Deckel auf kleiner Flamme etwa 40 Minuten köcheln lassen, dabei häufig umrühren. Würzen und mit Käse, Butter, Knoblauch oder Kräutern anreichern. Heiß servieren.

So kocht man Naturreis

1,4 l Salzwasser in einem großen Topf zum Kochen bringen und 250 g Naturreis hineinschütten. Aufkochen lassen, dann herunterschalten und ohne Deckel 25–35 Minuten köcheln lassen, bis der Reis weich, aber noch bißfest ist. Abschütten, mit kochendem Wasser überbrühen und gründlich abtropfen lassen.

Glasnudeln kochen

2 l Salzwasser in einem großen Topf zum Kochen bringen. Den Topf vom Herd nehmen und 250 g Glasnudeln hineingeben. Mit einer Gabel umrühren, auseinanderziehen und abgedeckt 4 Minuten ausquellen lassen. Abschütten, sofort servieren oder, wenn sie kalt verarbeitet werden sollen, mit kaltem Wasser abschrecken. Gut abtropfen lassen.

Glutenfreie Snacks und Imbisse

Jeder hat ab und zu Lust auf einen Snack, vor allem, wenn der »kleine Hunger« uns überfällt. Beim Kuchen- und Plätzchenbacken stellen Sie jeweils ein paar Exemplare mehr her und frieren sie separat ein, damit Sie Einzelportionen nach Bedarf auftauen können. Süßigkeiten wie gelegentlich ein Riegel glutenfreie Schokolade oder eine Tüte Chips natur sind kein Problem, doch sollten Sie besser eine Auswahl an gesunden, leckeren glutenfreien Snacks im Haus haben.

- Frisches Obst: Äpfel, Birnen, Mangos, Kiwis, Ananasstücke, Pfirsiche, Aprikosen und Apfelsinen
- Dörrobst: getrocknete Aprikosen, Pfirsiche, Birnen, Apfelringe, Backpflaumen oder gemischtes Dörrobst
- Glutenfreie Cracker, Knäckebrot und Reistaler. Servieren Sie dazu naturreine Käse wie Bergkäse, Blauschimmelkäse oder Emmentaler
- Glutenfreier Obstkuchen
- Ungeröstete Nüsse: Walnüsse, Mandeln und Haselnüsse oder Studentenfutter, gemischte Nüsse und Samen
- Naturjoghurt, den Sie bei Bedarf mit frischem Obst, Konfitüre oder zur Abwechslung auch mit Gurkenscheiben und einem Hauch Knoblauch anmachen können. Frischkäse mit und ohne Zusätze und glutenfreier Fruchtjoghurt.

Oben: Gesunde, glutenfreie Snacks sind beispielsweise Nüsse, Studentenfutter, Käse mit Reiscrackern und Rohkost.

ZÖLIAKIE BEI KINDERN

Wenn bei einem Kind die Diagnose Zöliakie feststeht, kann es in jeder Hinsicht genau wie seine Altersgenossen behandelt werden, mit einer Ausnahme: Es muß glutenhaltige Nahrungsmittel für alle Zeiten meiden. Wie wir jedoch bereits gesehen haben, ist das keineswegs kompliziert. Auf den Gesundheitszustand des Kindes wird sich die Diät jedenfalls positiv auswirken.

Wenn die Eltern dem Kind ruhig erklären, warum es bestimmte Sachen essen darf, andere aber auf keinen Fall, das Ganze aber auch nicht unnötig dramatisieren, gewöhnt es sich meist ohne weiteres an die neue Ernährungsweise (vor allem, wenn die Speisen fast genauso aussehen und schmecken wie zuvor). Ihr Kind wird dabei keinerlei Einbuße an Lebensqualität haben.

Eigentlich sollte man keinem Kind glutenhaltige Nahrungsmittel geben, bis es mindestens sechs Monate alt ist. Erst wenn Gluten – meist in Form von Brei oder Babyzwieback – den Speisezettel erweitert, treten bei diesen Kindern die ersten Probleme auf. Dann muß unbedingt ein Kinderarzt zu Rate gezogen werden. Stellen Sie zu diesem Zeitpunkt die Ernährung des Kindes möglichst noch nicht um, da die Diagnose sonst um so schwieriger wird.

Bei positiver Diagnose wird der Arzt Ihnen sagen, was Sie füttern sollen: zerdrückte Bananen und Apfelmus, püriertes Gemüse, gedämpften und pürierten Fisch oder Hühnchen, Naturjoghurt.

Mit zunehmendem Alter des Kindes können Sie anfangen, ihm einiges aus der breiten Palette glutenfreier Nahrungsmittel anzubieten.

Familie, Freunde und alle, die das Kind versorgen, müssen über die Erkrankung Bescheid wissen.

Für das Kind selbst ebenso wie für die Köchin ist es einfacher, wenn bei gemeinsamen Mahlzeiten alle Familienmitglieder die gleichen glutenfreien Speisen bekommen. Wenn Ihr Sohn oder Ihre Tochter dann in den Kindergarten kommt oder eine Krabbelgruppe besucht, erklären Sie dem Leiter bzw. der Leiterin im einzelnen, was es mit der Glutenallergie auf sich hat; packen Sie dem Kind glutenfreie Sachen für die Pause ein. Kleinkinder lieben Knetmasse, doch müssen sich die Eltern von Zöliakie-Kindern darüber im klaren sein, daß sie immer Weizenmehl enthält – passen Sie auf, wenn das Kind wie viele Altersgenossen auf die Idee kommt, die Knete in den Mund zu stecken.

Links: Mit Knetmasse spielen die meisten Kleinkinder besonders gern. Denken Sie daran, daß sie Weizenmehl enthält.

SCHULKINDER

Bei der Einschulung sollten Sie die Lehrer über die Gesundheitsprobleme Ihres Kindes informieren und ihnen genau erklären, welche Folgen sie haben. Ißt das Kind mittags in der Schule, sollten Sie sich mit dem zuständigen Lehrer oder dem Koch in Verbindung setzen. Vieles, was dort angeboten wird, ist ohnehin glutenfrei, und wenn das Kind (unter Anleitung) vernünftig wählen lernt, kann es ohne weiteres zusammen mit den Kameraden essen. Für die große Pause bereiten Sie Ihrem Kind am besten selbst etwas zu. Machen Sie ihm aber klar, daß es sich nicht an den auf dem Schulhof üblichen »Tauschgeschäften« – Butterbrot gegen Schokoriegel – beteiligen darf.

Auch Einladungen zu Kindergeburtstagen müssen kein Problem darstellen, wenn Sie die Gastgebereltern vorher anrufen und ihnen die Situation erläutern. Am einfachsten ist es, wenn das Kind selbst glutenfreie Speisen mitbringt. Finden Sie heraus, was es bei dem Fest gibt, damit Sie etwas ansatzweise ähnliches vorbereiten kön-

Oben: Sprechen Sie bei der Einschulung mit den Lehrern ganz offen über die Erkrankung Ihres Kindes.

nen. Das Kind gewöhnt sich rasch daran, zu Partys eigenes Essen mitzubringen, und es lernt früh, welche gängigen Speisen glutenfrei und daher unbedenklich sind.

Spielen Sie selbst den Gastgeber, servieren Sie einfach glutenfreie Kost für alle. Das ist keineswegs eine Notlösung, denn wie die Rezepte in diesem Buch beweisen, sind viele glutenfreie Gerichte genauso lecker wie die glutenhaltigen Alternativen.

Natürlich wird Ihr Kind irgendwann aus Versehen etwas Glutenhaltiges essen. Nur keine Panik – solche Fehlgriffe haben zwar meist Unwohlsein zur Folge, doch wenn das Kind sich weiterhin glutenfrei ernährt, klingen die Symptome nach wenigen Tagen von selbst wieder ab.

Ist Ihr Kind krank, muß das nicht an der Glutenallergie liegen. Zöliakie-Kinder sind ebenso anfällig für Bauchweh wie alle übrigen Altersgenossen.

Kinder und Teenager legen großen Wert darauf, zu einer Clique zu gehören, und wollen nicht als Außenseiter gelten. In dieser Zeit müssen die Eltern das Kind besonders intensiv unterstützen und ermutigen, die glutenfreie Ernährung einzuhalten.

Das schmeckt in der grossen Pause

- Glutenfreie Brötchen oder Brote
- Kleine Tüten mit Dörrobst, z. B. Rosinen, Aprikosen, Apfelringe oder Backpflaumen
- Glutenfreie Knabbereien, etwa Kartoffelchips, ungeröstete Nüsse oder Studentenfutter (keine gerösteten Nüsse)
- Rohe Möhren oder Gurkenscheiben
- Reissalat, glutenfreier Nudelsalat, Thunfischsalat, Kartoffelsalat oder andere hausgemachte Salate
- Hausgemachte glutenfreie Suppen
- Kalte Kartoffeln mit oder ohne glutenfreie Sauce
- Hartgekochte Eier
- Frisches Obst, z. B. Äpfel, Birnen, Bananen, Apfelsinen, Clementinen, Kiwis, Kirschen, Weintrauben
- Frischer Obstsalat
- Selbstgemachte Fruchtgelees (gleich in verschließbaren Portionsschälchen fest werden lassen)
- Frischkäse natur oder mit Fruchtaroma, Naturjoghurt (ggf. mit gehackten frischen Früchten angereichert) oder glutenfreier Fruchtjoghurt
- Als Getränke eignen sich Limonade, Fruchtsäfte, Milch, selbstgemachte Milchshakes und Mineralwasser.

Unten: Frisches und getrocknetes Obst, Nüsse, Joghurt, Möhrenstifte und Chips passen in jede Butterbrottasche. Bietet die Schule keine Pausengetränke an, geben Sie dem Kind ein Päckchen Fruchtsaft oder eine kleine Flasche Mineralwasser mit.

Für ein Zöliakie-Kind kochen

Achten Sie auf viel Abwechslung, und setzen Sie beliebte Renner wie (glutenfrei) Pizza, Hamburger oder Würstchen auf den Speiseplan. Da gekaufte Fleischklopse oder Würste oft Mehlprodukte enthalten, sollten Sie sie lieber selbst zubereiten.

Wenn Sie dem Kind Mahlzeiten mitgeben, sollten sie möglichst bunt und spannend aussehen. Butterbrote und Brötchen aus glutenfreien Backwaren essen die meisten Kinder gern. Auch Brote aus anderen glutenfreien Mehlsorten sind einen Versuch wert. Weitere Vorschläge finden Sie oben auf dieser Seite. Salate und Süßspeisen füllen Sie am besten in dicht verschließbare kleine Gefäße – Gabel oder Löffel nicht vergessen! Eine kleine Thermosflasche eignet sich zum Transportieren heißer Suppen oder kalter Getränke.

Denken Sie auch daran, daß Kinder gerne naschen: Baiserplätzchen tun zwar den Zähnen Ihres Kindes nicht unbedingt gut, bringen ihm aber bei seinen Kameraden Sympathien ein!

Kochen für Gäste

Ein gutes Essen mit lieben Bekannten und Freunden ist doch immer ein Erlebnis, ganz gleich, ob es sich um eine Familienfeier, ein eher einfaches Essen oder aber um ein stilvolles Festmenü handelt. Was dabei serviert wird, hängt natürlich vom Anlaß, vom Appetit und von den Vorlieben Ihrer Gäste ab. Ist jemand dabei, der Diät hält, darf sich der Betreffende aber keinesfalls ausgeschlossen fühlen. Das einfachste ist deshalb, glutenfreie Gerichte für alle zu servieren, schon deshalb, weil es eine Vielzahl an gesunden, leckeren Rezepten gibt, die fast alle auch für Vegetarier und Diabetiker geeignet sind. Nachfolgend stellen wir Ihnen einige vielseitige Gerichte vor, die sich für alle möglichen Anlässe anbieten.

Glutenfreie Gerichte für Erwachsene

Für erwachsene Gäste muß man sich meist etwas einfallen lassen. Manche Leute sind recht festgefahren in ihrem Geschmack, doch die meisten probieren gern einmal etwas Neues, Interessantes aus, etwa Brötchen, Pfannkuchen oder Gebäck aus ungewöhnlichen Mehlsorten, und ganz bestimmt auch hausgemachte Eiscreme. Viele Lieblingsspeisen sind ohnehin glutenfrei, andere kann man ohne weiteres anpassen.

Soweit spezielle Gerichte aufgelistet sind, finden Sie die Rezepte im zweiten Teil dieses Buches.

Menü 1

Bruschetta mit Schinken und Oliven
Warmer Geflügelsalat mit Haselnußdressing oder würzige Möhrensuppe mit Croûtons
Gebackene Forelle mit Wildpilzen und Bratkartoffeln, gedämpften grünen Bohnen und Möhren oder Risotto mit Pancetta und dicken Bohnen, dazu grüner Salat
Mousse au Chocolat mit glasierten Kumquats
Sommerliche Erdbeerrolle
Rot- und Weißwein, Mineralwasser

Menü 2

Rohkostteller und Kartoffelchips mit Dips, z. B. Joghurt mit Schnittlauch, Knoblauch und Chili-Tomatenconcassé, glutenfreie Curry-Mayonnaise
Pizza mit Grillgemüse
Tortilla mit Thunfisch, Zucchini und Paprika
Wildpilz-Brokkoli-Torte
Hähnchen »Thailand« mit Gemüsecurry
Zitronen-Käsekuchen mit Waldbeeren
Schoko-Baiser mit Fruchtkompott
Bier, Wein, Wasser

Kindergeburtstage

Kinder lieben Geburtstagsfeste. Ganz gleich, wie verlockend das Angebot einer Party im nächsten Hamburgerlokal auch sein mag, feiern Kinder genauso gern zu Hause mit Geschenken, Spielen und einem leckeren, abwechslungsreichen Buffet. Wenn Sie für Ihr Kind eine Party geben, dann vermeiden Sie von vornherein Verwirrungen, indem Sie ausschließlich glutenfreie Sachen auf den Tisch stellen. Sie brauchen keine riesigen Mengen, denn die meisten Kinder picken sich ohnehin nur das heraus, was ihnen gefällt. Ganz wichtig sind natürlich die süßen und herzhaften Köstlichkeiten, die gerade in der Altersgruppe »angesagt« sind.

Menü 3

Hähnchen-Satéspieße
Käsehappen mit Ananas
Mit Speck umwickelte gebratene Bananen
Kartoffelchips mit verschiedenen hausgemachten Dips, etwa Knoblauch-Sauerrahm, Thousand-Island-Dressing, frisches Tomatenconcassé
Plätzchen mit Schokotröpfchen
Erdbeer- und Trauben-Schokokonfekt
Erdbeerjoghurt
Hausgemachte glutenfreie Geburtstagstorte
Fruchtsaft, Wasser, Limonade

Menü 4

Glutenfreie belegte Brote mit Thunfischmayonnaise, Ei und Kresse, Schinken und Tomate, Käse und Gurke
Würzige Hähnchenkeulen
Kartoffelchips
Knusperriegel mit Sultaninen und Zimt
Kuchen aus Schokolade und Reis-Crispies
Gelee und hausgemachtes Eis
Mini-Fruchtspieße
Hausgemachte glutenfreie Geburtstagstorte
Hausgemachte Frucht-Milchshakes

MAHLZEITEN IM FAMILIENKREIS

Für die Familie zu kochen kann Freude machen, aber auch leicht in Streß ausarten. Viele machen den Fehler, Tag für Tag immer wieder Altbekanntes zu kochen. Wenn Sie einen Zöliakie-Patienten bekochen müssen, ist die Gefahr, sich an einigen wenigen bewährten Rezepten festzuhalten, besonders groß. Natürlich nimmt sich jeder vor, irgendwann einmal weitere Rezepte auszuprobieren, aber letztlich fehlt die Zeit. Wir haben Ihnen deshalb eine Liste glutenfreier Hauptgerichte und Süßspeisen zusammengestellt, die im Handumdrehen fertig sind und der ganzen Familie schmecken werden. Sie sind als Ergänzung zu den nachfolgenden umfangreicheren Rezepten gedacht.

SCHNELLE GLUTENFREIE HAUPTGERICHTE

- Maismehlnudeln kochen, in Olivenöl wenden und mit grob gehacktem Parmesan bestreuen.
- Hähnchenbrüste grillen und mit Chili-Tomatenconcassé servieren (*rechts*).
- Dorsch- oder Lachssteaks in Butter und Olivenöl braten, mit Kräutern bestreuen und mit Limettensaft beträufeln. Dazu eine mediterrane Gemüsepfanne.
- Mageres Lammfleisch, Paprikawürfel und rote Zwiebelspalten auf Spieße stecken, mit Olivenöl einpinseln und mit gemahlenem Kreuzkümmel würzen. Goldgelb grillen.
- Polenta kochen, rings auf eine Servierplatte häufen und die Mitte mit Ratatouille füllen. Frisch geriebenen Parmesan separat dazu reichen.
- Schweinefleischstreifen in einer Mischung aus glutenfreier Sojasauce, braunem Zucker und trockenem Sherry marinieren. Mit Kaiserschoten, Pilzen, Frühlingszwiebeln, Möhren und Staudensellerie unter ständigem Rühren braten. Dazu Glasnudeln reichen.

SCHNELLE GLUTENFREIE SÜSSPEISEN

- Ein Baiserförmchen mit frischen Himbeeren füllen und einen Löffel Joghurt daraufgeben.
- Frische Ananasstücke in etwas Butter anbraten (nach Belieben mit etwas braunem Zucker) und dazu hausgemachtes Vanilleeis servieren.
- Frisches Obst mit einem Klecks Crème fraîche garnieren (*links*).
- Abwechselnd frische Sommerfrüchte und Bananenscheiben in einem Glas aufschichten und für die Erwachsenen mit Orangenlikör beträufeln. Dazu Schlagsahne, Crème fraîche oder Schmant reichen.
- Verschiedene Früchte, etwa Melonenkugeln, Erdbeeren, Kiwistücke und kernlose Trauben auf kleine Holzspieße fädeln und mit einem Dip aus Joghurt und Honig servieren.
- Gemischtes Dörrobst (z.B. Backpflaumen und Aprikosen oder Rosinen und Birnen) in verdünntem Sirup kochen. Abkühlen lassen und blanchierte Mandeln und Pistazien zugeben. Mit Crème fraîche oder Schlagsahne servieren.
- Das Kerngehäuse aus Äpfeln stechen und die Öffnung mit gehackten Datteln oder Dörrobst füllen. In der Mikrowelle weich backen, dann mit Ahornsirup beträufeln und mit oder ohne Schlagsahne servieren.

AUSWÄRTS ESSEN

Manche Zöliakie-Patienten haben Angst, Essenseinladungen anzunehmen. Sie stehen vor demselben Problem wie jeder, der irgendeine Diät einhalten muß. Das einfachste ist in diesem Fall, Sie rufen den Gastgeber vorher an und erzählen ihm ganz unbefangen, was Sie essen dürfen und was nicht. In aller Regel sind die Leute gern bereit, sich auf Ihr Problem einzustellen und etwas Leckeres für Sie zu zaubern.

Wenn Sie im Restaurant essen, fragen Sie den Küchenchef, ob er glutenfreie Gerichte anbietet, oder rufen Sie vorher an und fragen nach, ob die Küche auf dieses Problem vorbereitet ist. Um sicherzugehen, sollten Sie Speisen wählen, die glutenfrei sind.

DAS KÖNNEN SIE BESTELLEN

VORSPEISEN: Melone, Grapefruit, Fruchtcocktail, Melone mit Parmaschinken

HAUPTGERICHTE: Fleisch und Fisch natur, ohne Panade gegrillt oder gebraten, ohne Füllung und Sauce; Meeresfrüchte natur, Fleisch- und Gemüsespieße natur, Bratenaufschnitt und Käseplatten, Reisgerichte und Risotto, Spiegel- und Rührei, Omelette

BEILAGEN: Salat ohne Dressing, neue Kartoffeln oder Backofenkartoffeln mit glutenfreier Füllung, Reis, gekochtes Gemüse natur

DESSERTS: Frisches Obst oder Obstsalat mit Naturjoghurt oder Schlagsahne, Baiserkörbchen mit Obst, Kompott, Käse natur mit Obst

Wenn Sie auswärts essen, sind bestimmte Gerichte wie etwa Cordon Bleu oder panierte Hähnchenbrüste (oben rechts) für Sie tabu, andere jedoch – etwa Melone mit Schinken (unten) völlig unbedenklich.

DAS SOLLTEN SIE MEIDEN

VORSPEISEN: Suppen, Pasteten, Terrinen, Mousses, alle Gerichte mit Dressing, Mayonnaise oder angedickter Sauce

HAUPTGERICHTE: Fleisch, Geflügel oder Fisch mit Kruste, Panade, in Ausbackteig und dergleichen oder Stücke, die üblicherweise in Mehl gewendet werden; Würste, Aufschnitt, Hackfleischgerichte, Fleischgerichte mit Füllung oder Sauce, Eintöpfe, Schmorgerichte, Pies, Pizza, Currygerichte, Teigwaren aller Art

Desserts: Pfannkuchen und Crêpes, Cremes, Eis, Pudding, Kuchen und Torten, Petits fours und Konfekt

VERBOTENE GETRÄNKE: Bier (alle Sorten einschl. Dunkelbier), Tomatensaft (Fertigware enthält oft Gluten), Kakao (vor allem an Getränkeautomaten), malzhaltige Getränke

ERLAUBTE GETRÄNKE: Wein, Sekt und Champagner, Sherry, Cidre, Spirituosen, Fruchtsaft, Kaffee (kein Instantprodukt). Limonaden sind meist glutenfrei, »naturtrübe« Sorten könnten allerdings Stärke enthalten.

Unten: Als Getränke zum Essen passen durchaus Alkoholika wie Rot- und Weißwein, Sekt oder Champagner sowie Mixgetränke wie Gin Tonic. Geeignet sind auch frische Fruchtsäfte und Mineralwasser.

GEFAHRLOS WÜRZEN

Hüten Sie sich in Restaurants und Kantinen vor gemahlenem weißem Pfeffer, denn der ist vielfach mit Mehl »gestreckt«. Lassen Sie sich lieber eine Pfeffermühle geben; frisch gemahlen schmeckt Pfeffer ohnehin besser.

PICKNICK

Im Freien zu essen ist immer etwas Besonderes, ganz gleich, ob Sie lediglich glutenfreie belegte Brote und Knabbereien mitnehmen oder eine tolle Auswahl süßer und herzhafter Speisen.

Die Sachen sollten immer leicht zu transportieren, servieren und zu verzehren sein. Viele Gerichte kann man einen Tag im voraus zubereiten und bis zum Transport kalt stellen.

Für ein einfaches Picknick reicht eine Auswahl an Aufschnitt und Käse mit Reisbrot oder anderen glutenfreien Backwaren. Staudensellerie, Kirschtomaten und ein grüner Salat runden das Menü ab. Die glutenfreie Vinaigrette dafür nehmen Sie in einem fest schließenden Plastikbehälter mit. Frisches Obst ist ein idealer Nachtisch.

Etwas aufwendiger wird Ihr Picknick mit einigen der Gerichte aus der rechts abgedruckten Liste. Darüber hinaus könnten Sie noch Salate mit passenden Dressings mitnehmen (z. B. Tomaten mit Mozzarella und Basilikum, neue Kartoffeln mit Kräutervinaigrette oder Bohnensalat mit Mandeln). Wenn Sie auch Mixed Pickles und Chutneys einpacken, dann am besten hausgemachte Sachen, denn Fertigprodukte enthalten oft Gluten. Eine große Schüssel Erdbeeren oder Himbeeren rundet die Sache ab – dazu vielleicht kleine Baisers und frische Schlagsahne. Packen Sie reichlich Getränke ein, und vergessen Sie auch Papierservietten, feuchte Tücher und Müllbeutel nicht.

Unten: Die Utensilien für ein Familienpicknick müssen leicht zu transportieren und lecker sein. Zum Nachtisch gibt es natürlich nichts Schöneres als frisches Obst!

GLUTENFREIES PICKNICK

Spezielle Gerichte finden Sie im zweiten Teil dieses Buches.

- Pikante Hähnchenkeulen oder Chicken Wings
- Glutenfreie Pizza, beispielsweise mit Grillgemüse
- Rohkost, etwa Möhrenstifte, Gurkenscheiben, Blumenkohl- und Brokkoliröschen, Salatherzen, Zucchini-, Paprika- und Fenchelstreifen, Kirschtomaten, Radieschen, Staudensellerie. Dazu glutenfreie Dips, z. B. Zaziki aus Naturjoghurt mit Knoblauch, fein gehackter Gurke, frischer Minze oder Petersilie
- Wildpilz-Brokkoli-Torte oder ähnliche herzhafte Quiches
- Nußauflauf
- Salate, etwa gemischter Blattsalat mit Kräutern, Reissalat, glutenfreier Nudelsalat, Kartoffelsalat, Salat aus drei Sorten Bohnen, Krautsalat mit Obst und Nüssen
- Glutenfreies Brot aus Reis-, Buchweizen- oder Maismehl, Maisbrot mit Käse und Zwiebeln
- Süßspeisen wie frischer Obstsalat oder sommerliche Erdbeerrolle
- Muffins mit Äpfeln und Apfelsinen, Knusperriegel mit Zimt, Plätzchen mit Schokotröpfchen, Kirsch-Kokoskonfekt
- Gefüllter Sandkuchen, Nußkuchen mit Früchten, Honigkuchen, Apfelkuchen

GRUNDREZEPTE

Im Handel gibt es Brühwürfel, Pulver und Granulat oder Fonds in Gläsern. Da einige dieser Fertigprodukte Gluten enthalten, ist es sinnvoller, Brühe selbst herzustellen. Hausgemachte Brühe verleiht vielen Gerichten feine Würze, dabei ist sie im Nu zubereitet. Am besten kocht man immer ein wenig mehr. Kühlen Sie hausgemachte Brühe rasch ab, gießen Sie sie, nicht ganz bis zum Rand, in geeignete Behälter, und frieren Sie sie portionsweise ein; bis zu 3 Monate im Gefrierfach haltbar.

GEFLÜGELBRÜHE

Ergibt etwa 750 ml

1 Fleischpoulardenkarkasse
6 Schalotten oder 1 Zwiebel
1 Möhre
2 Stangen Sellerie
1 Lorbeerblatt
Salz und gemahlener schwarzer Pfeffer

1 Die Karkasse in Stücke schneiden oder hacken und in einem großen Topf mit 1,75 l Wasser aufsetzen.

2 Schalotten bzw. die Zwiebel abziehen, in Ringe schneiden. Möhre schälen und grob hacken. Selleriestangen in Stücke schneiden. Gemüse und Lorbeerblatt in den Topf geben, umrühren.

3 Zum Kochen bringen und halb abgedeckt 2 Stunden köcheln lassen, dabei immer wieder abschäumen.

4 Die Brühe durch ein Sieb abgießen und abkühlen lassen.

5 Nach dem Erkalten die Brühe entfetten und weiterverwenden bzw. einfrieren. Im Kühlschrank hält sie sich abgedeckt bis zu 3 Tage frisch. Mit Salz und Pfeffer abschmecken.

RINDFLEISCHBRÜHE

Ergibt etwa 750 ml

450 g hohe oder flache Rippe
450 g Rinds- oder Kalbsknochen
1 Zwiebel
1 Möhre
1/4 Sellerieknolle
1 Petersilienwurzel
1 Stange Porree
1 Bouquet garni
Salz und gemahlener schwarzer Pfeffer

1 Den Backofen auf 220 °C vorheizen. Fleisch und Knochen in einem Bräter 30 Minuten trocken anbräunen, dann mit 1,75 l Wasser in einem großen Topf aufsetzen.

2 Das Gemüse putzen und grob hacken. Mit dem Bouquet garni in die Brühe geben und umrühren.

3 Zum Kochen bringen und halb zugedeckt 2 Stunden köcheln lassen, dabei immer wieder abschäumen. Durch ein feines Sieb gießen und abkühlen lassen. Ebenso wie Hühnerbrühe aufbewahren.

GEMÜSEBRÜHE

Ergibt etwa 1,5 l

1 große Zwiebel, grob gehackt
2 Möhren, grob gehackt
1 Stange Porree, grob gehackt
3 Stangen Sellerie, grob gehackt
1 kleine Petersilienwurzel, grob gehackt
1/4 Sellerieknolle, grob gehackt
1 Bouquet garni
Salz und gemahlener schwarzer Pfeffer

1 Das ganze Gemüse zusammen mit dem Bouquet garni in einen großen Topf geben, 1,75 l Wasser angießen und umrühren.

2 Zum Kochen bringen und halb abgedeckt etwa 1 Stunde köcheln lassen, dabei immer wieder abschäumen.

3 Die Brühe durch ein Sieb schütten und sofort verwenden oder abkühlen lassen. Sie hält sich im Kühlschrank bis zu 3 Tage. Auch diese Brühe läßt sich gut einfrieren. Nach Belieben mit Salz und Pfeffer abschmecken.

TIP

Verwenden Sie alles, was beim Gemüseputzen abfällt (Tomaten- oder Zwiebelschalen, die äußeren Kohlblätter und -strünke etc.) für die Brühe.

GLUTENFREIE HELLE SAUCE

Ergibt etwa 300 ml

2 EL glutenfreie Maisstärke
300 ml entrahmte Milch (1,5 % Fett)
1 EL Sonnenblumenmargarine
Salz und gemahlener schwarzer Pfeffer

1 Die Maisstärke in einer Schüssel mit 4 EL Milch zu einer glatten Masse verrühren.

2 Die restliche Milch in einem Topf bei mittlerer Hitze allmählich zum Kochen bringen und langsam zur Stärke-Milch-Mischung gießen, dabei ständig rühren, damit sich keine Klumpen bilden.

3 Die Masse in den Topf zurückschütten und unter ständigem Rühren langsam aufkochen und andicken lassen. Die Hitze herunterschalten und 2–3 Minuten köcheln lassen, dann die Margarine in der Sauce schmelzen. Abschmecken und sofort servieren.

ABWANDLUNGEN

Die Sauce wird dünnflüssiger, wenn Sie nur 4–5 Teelöffel Maisstärke verwenden.

Ersetzen Sie die Hälfte der Milch durch würzige Gemüse- oder Geflügelbrühe, oder mischen Sie Brühe und Weißwein statt der Milch.

Wandeln Sie die Sauce mit glutenfreien Aromen ab, etwa Reibkäse, gehackten Kräutern, angebräunten Zwiebelwürfeln, Tomatenmark oder gehackten Wildpilzen oder mit Champignons.

FRENCH DRESSING

Ergibt etwa 150 ml

6 EL Oliven- oder Sonnenblumenöl
2 EL Weißweinessig oder Zitronensaft
1 TL Dijonsenf
1/4 TL Kristallzucker
1 EL gehackte frische Kräuter
Salz und gemahlener schwarzer Pfeffer

1 Alle Zutaten in eine kleine Schüssel geben und gründlich verquirlen. Sie können auch alles in ein sauberes Schraubdeckelglas füllen und kräftig schütteln.

2 Abschmecken und sofort servieren. Das Dressing hält sich fest verschlossen im Kühlschrank bis zu 1 Woche. Vor dem Servieren schütteln.

ABWANDLUNG

Eine kleine Knoblauchzehe zerdrücken und zum Dressing geben.

MAYONNAISE

Ergibt etwa 750 ml

2 Eigelb
1 TL Dijonsenf
1 EL Zitronensaft
1/2 TL Salz
Salz und gemahlener schwarzer Pfeffer
ca. 150 ml Oliven- oder Sonnenblumenöl

1 Eigelb, Senf, Zitronensaft, Salz und Pfeffer mit 1 EL Öl in die Küchenmaschine geben und 30 Sekunden verrühren.

2 Bei laufendem Motor durch den Einfüllstutzen das restliche Öl langsam und gleichmäßig dazugießen, bis die Mayonnaise dick und cremig ist.

3 Abschmecken und sofort servieren oder abdecken und kalt stellen. Die Sauce hält sich fest verschlossen im Kühlschrank bis zu 3 Tage.

ABWANDLUNG

Feingehackten Knoblauch, Kapern, Cornichons oder Schlangengurke, zerkrümelten Blauschimmelkäse oder gehackte frische Kräuter zugeben.

Suppen, Snacks und Salate

Was kann herzerwärmender sein als ein Teller heiße Suppe mit selbstgebackenem glutenfreiem Brot? An wärmeren Tagen schmeckt ein leichter Salat oder ein leckerer Snack, der im Nu zubereitet ist. Dieses Kapitel stellt eine ganze Reihe appetitlicher Rezepte vor – von würziger Möhrensuppe mit Knoblauchcroûtons über Pizza mit Grillgemüse, Speck-Kräuter-Rösti bis zu warmem Geflügelsalat mit Haselnußdressing.

Würzige Möhrensuppe mit Knoblauchcroûtons

Zutaten

Für 6 Personen

1 EL Olivenöl
1 große Zwiebel, gehackt
675 g Möhren, in Scheiben geschnitten
je 1 TL gemahlenen Koriander, Kreuzkümmel und Chilipulver
900 ml Gemüse- oder Hühnerbrühe
Salz, gemahlener schwarzer Pfeffer
frische Korianderblätter zum Garnieren

Für die Knoblauchcroûtons:

etwas Olivenöl zum Braten
2 Knoblauchzehen, zerdrückt
4 Scheiben glutenfreies Brot ohne Kruste, in 1 x 1 cm große Würfel geschnitten

1 Für die Suppe das Öl in einem großen Topf erhitzen, die Zwiebeln und Möhren darin 5 Minuten anbraten, dabei gelegentlich umrühren. Die Gewürze zugeben und 1 Minute unter ständigem Rühren weiterbraten.

2 Die Brühe angießen, aufkochen lassen, umrühren und abgedeckt ca. 45 Min. köcheln lassen, bis die Möhren weich sind; dabei ab und zu umrühren.

3 In der Zwischenzeit die Croûtons zubereiten. In einer Pfanne etwas Öl erhitzen, den Knoblauch hineingeben und 30 Sekunden bei geringer Hitze anbraten, dabei rühren. Die Brotwürfel zugeben, im Öl wenden und auf mittlerer Hitze einige Minuten knusprig goldgelb braten. Auf Küchenpapier abtropfen lassen und warm stellen.

4 Die Suppe in der Küchenmaschine oder mit dem Mixstab glatt pürieren und mit Salz und Pfeffer abschmecken. In den ausgespülten Topf zurückgießen und wieder erwärmen. Mit den Knoblauchcroûtons bestreut und mit Korianderblättchen garniert heiß servieren.

Nährwerthinweis

Pro Portion:	
Energie	127 kcal/529 kJ
Fett, insgesamt	6,1 g
gesättigtes Fett	0,92 g
Eiweiß	2,65 g
Kohlenhydrate	17,2 g
Zucker, insgesamt	7,74 g
Ballaststoffe – NSP	2,94 g
Natrium	626 mg

Suppe aus Süßkartoffeln und Pastinaken

Zutaten

Für 6 Personen

1 EL Sonnenblumenöl
1 dicke Porreestange, in Stücken
2 Stangen Sellerie, gehackt
450 g Süßkartoffeln, gewürfelt
225 g Pastinaken, gewürfelt
900 ml Gemüse- oder Geflügelbrühe
Salz und gemahlener schwarzer Pfeffer
1 EL frische gehackte Petersilie und geröstete Süßkartoffel- und Pastinakenstreifen zum Garnieren

1 Öl in einem großen Topf erhitzen und Porree, Sellerie, Süßkartoffeln und Pastinaken hineingeben. Ca. 5 Minuten auf kleiner Flamme rösten, dabei ständig rühren.

2 Die Brühe angießen und zum Kochen bringen, dann abgedeckt ca. 25 Minuten köcheln lassen, bis die Gemüse weich sind, dabei gelegentlich umrühren. Mit Salz und Pfeffer abschmecken.

3 Den Topf vom Herd nehmen und etwas abkühlen lassen.

4 Die Suppe mit dem Mixstab oder in der Küchenmaschine glatt pürieren, in den Topf zurückgießen und nochmals erwärmen. In vorgewärmte Suppenteller füllen. Mit gehackter Petersilie und gerösteten Süßkartoffel- und Pastinakenstreifen garnieren.

Nährwerthinweis

Pro Portion:	
Energie	115 kcal/486 kJ
Fett, insgesamt	4 g
gesättigtes Fett	0,46 g
Eiweiß	3,1 g
Kohlenhydrate	17,9 g
Zucker, insgesamt	3,72 g
Ballaststoffe	3,07 g
Natrium	780 mg

Pilzsuppe mit Estragon

Das feine Pilzaroma dieser leichten Suppe wird durch Estragon noch unterstrichen.

Zutaten

Für 6 Personen
1 EL Sonnenblumenmargarine
4 Schalotten, fein gehackt
450 g Creme-Champignons, fein gehackt
300 ml Gemüsebrühe
300 ml fettarme Milch
1–2 EL frischer Estragon, gehackt
ggf. 2 EL trockener Sherry
Salz und gemahlener schwarzer Pfeffer
frische Estragonzweige zum Garnieren

Abwandlung

Verwenden Sie anstelle der Creme-Champignons eine Mischung aus Wildpilzen und weißen Zuchtchampignons.

1 Margarine in einem großen Topf zerlassen, die Schalotten darin 5 Minuten unter gelegentlichem Rühren anschwitzen. Pilze hineingeben, 3 Minuten köcheln lassen, dabei ständig rühren.

2 Brühe und Milch angießen, aufkochen lassen und abgedeckt ca. 20 Minuten köcheln lassen, bis die Pilze weich sind. Den gehackten Estragon unterrühren und mit Salz und Pfeffer abschmecken.

3 Die Suppe etwas abkühlen lassen, dann portionsweise mit dem Mixstab oder in der Küchenmaschine glatt pürieren. In den ausgespülten Topf zurückgießen und wieder erwärmen.

4 Falls gewünscht, den Sherry angießen und die Suppe in vorgewärmte Suppentassen füllen. Mit Estragon garniert servieren.

Nährwerthinweis

Pro Portion:	
Energie	65 kcal/275 kJ
Fett, insgesamt	3,5 g
gesättigtes Fett	1,2 g
Eiweiß	3,6 g
Kohlenhydrate	3,9 g
Zucker, insgesamt	3,3 g
Ballaststoffe	1 g
Natrium	250 mg

Bruschetta mit Schinken und Oliven

Diese appetitlichen kleinen Brote sind in Italien als Vorspeise beliebt, lassen sich aber auch zu einem gemischten Blattsalat als leichtes Mittagessen servieren. Reichen Sie dazu ein Glas gut gekühlten Weißwein.

Zutaten

Für 4 Personen
4 Scheiben glutenfreies Brot
1 ganze Knoblauchzehe, halbiert
etwas Olivenöl zum Beträufeln
eine kleine Handvoll Basilikumblätter
4 Scheiben Parma- oder San-Daniele-Schinken
50 g entsteinte schwarze Oliven, grob gehackt
ggf. frisch geriebener Parmesan zum Garnieren

1 Das Brot auf beiden Seiten goldgelb toasten.

2 Große Scheiben ggf. halbieren und jeweils eine Seite mit dem Knoblauch einreiben.

Nährwerthinweis

Pro Portion:	
Energie	176 kcal/732 kJ
Fett, insgesamt	9,1 g
gesättigtes Fett	3,4 g
Eiweiß	9,9 g
Kohlenhydrate	13,7 g
Zucker, insgesamt	1,2 g
Ballaststoffe – NSP	0,5 g
Natrium	703 mg

3 Jede Scheibe mit etwas Olivenöl beträufeln, mit Basilikumblättern und Schinken dekorieren und mit den gehackten Oliven bestreuen.

4 Die Bruschette ggf. mit etwas geriebenem Parmesan bestreuen und anschließend sofort servieren.

Speck-Kräuter-Rösti

ZUTATEN

Für 4 Personen
450 g Kartoffeln, ungeschält im Ganzen
2 EL Olivenöl
1 rote Zwiebel, fein gehackt
4 Scheiben Frühstücksspeck, in Streifen geschnitten
1 EL Kartoffelmehl
2 EL gehackte frische Kräuter, gemischt
Salz und gemahlener schwarzer Pfeffer
frische Petersilienzweige zum Garnieren

1 Ein Backblech einfetten. Die Kartoffeln ca. 6 Minuten in Salzwasser blanchieren, abschütten und etwas abkühlen lassen.

2 Sobald die Kartoffeln so kalt sind, daß man sie in die Hand nehmen kann, abpellen und grob raffeln. Beiseite stellen.

3 1 EL Olivenöl in einer Pfanne erhitzen, Zwiebel und Speck darin 5 Minuten rösten, dabei gelegentlich umrühren. Den Backofen auf 220 °C vorheizen.

4 Pfanne vom Herd nehmen. Zwiebel-Speckmasse mit restlichem Öl, Kartoffelmehl, Kräutern, Gewürzen zu den Kartoffelraspeln geben und mischen.

5 Aus der Mischung 8 Rösti formen und auf das gefettete Backblech legen, dabei auf ausreichende Zwischenräume achten.

6 20–25 Minuten knusprig und goldgelb backen. Mit frischer Petersilie garniert sofort servieren.

NÄHRWERTHINWEIS

Pro Portion:	
Energie	245 kcal/1025 kJ
Fett, insgesamt	12,6 g
gesättigtes Fett	2,9 g
Eiweiß	10,7 g
Kohlenhydrate	23,6 g
Zucker, insgesamt	1,8 g
Ballaststoffe	2,6 g
Natrium	572 mg

Pizza mit Grillgemüse

Zutaten

Für 6 Personen

1 Zucchini, in Scheiben geschnitten
1 kleine Aubergine, in Scheiben geschnitten
2 EL Olivenöl
1 gelbe Paprika, entkernt und in Streifen geschnitten
115 g glutenfreie Maisstärke
50 g Kartoffelmehl
50 g Sojamehl
1 TL glutenfreies Backpulver
1/2 TL Salz
50 g weiche Margarine
ca. 7 EL fettarme Milch
4 Eiertomaten, gehäutet und gehackt
2 EL frisches Basilikum, gehackt
115 g Mozzarella, in Scheiben
Salz und gemahlener schwarzer Pfeffer
frische Basilikumblätter zum Garnieren

1 Grill vorheizen. Die Zucchini- und Auberginenscheiben mit Öl einpinseln und mit den Paprikastreifen unter den Grill legen. Hellbraun rösten, dabei einmal wenden.

2 In der Zwischenzeit den Backofen auf 200 °C vorheizen. Mais-, Kartoffel- und Sojamehl mit Backpulver und Salz in einer Schüssel vermengen. Margarine einarbeiten, bis die Masse wie grobe Brotkrümel aussieht. Nun mit soviel Milch wie nötig zu einem Teig verarbeiten, der weich, aber nicht klebrig sein soll.

3 Den Teig auf Backpapier zu einer runden Platte von ca. 25 cm Durchmesser ausrollen oder auseinanderdrücken, dabei die Ränder etwas dicker lassen als die Mitte.

4 Den Pizzaboden mit dem restlichen Öl einpinseln und die zerkleinerten Tomaten darauf verteilen.

5 Mit gehacktem Basilikum bestreuen und mit Salz und Pfeffer würzen. Grillgemüse auf der Pizza verteilen und die Mozzarellascheiben darauflegen.

6 25–30 Minuten knusprig goldgelb backen. Die fertige Pizza mit Basilikumblättchen garnieren, in Tortenstücke schneiden und sofort servieren.

Nährwerthinweis

Pro Portion:	
Energie	326 kcal/1362 kJ
Fett, insgesamt	19,5 g
gesättigtes Fett	5,8 g
Eiweiß	12,2 g
Kohlenhydrate	26,8 g
Zucker, insgesamt	5,1 g
Ballaststoffe	3,2 g
Natrium	365 mg

Warmer Geflügelsalat mit Haselnußdressing

Ein aromatischer Salat mit gebratener Hähnchenbrust, Kirschtomaten und Spinat.

ZUTATEN

Für 4 Personen

3 EL Olivenöl / 2 EL Haselnußöl
1 EL Weißweinessig
1 Knoblauchzehe, zerdrückt
1 EL frische gemischte Kräuter, gehackt
225 g frischer Spinat
250 g Kirschtomaten, halbiert
1 Bund Frühlingszwiebeln, gehackt
2 Hähnchenbrustfilets, gehäutet und in Stücke geschnitten
Salz und gemahlener schwarzer Pfeffer

ABWANDLUNG

Verwenden Sie anstelle von Hähnchen anderes Fleisch, beispielsweise Rind, oder auch Fisch, zum Beispiel Lachs.

1 Zunächst aus 2 EL Olivenöl, Haselnußöl, Essig, Knoblauch und den Kräutern in einer kleinen Schüssel das Dressing anrühren und beiseite stellen.

2 Die Stiele der Spinatblätter abschneiden, den Spinat waschen, trockenschleudern und in eine große Schüssel legen und mit den Kirschtomaten und Frühlingszwiebeln vermengen.

NÄHRWERTHINWEIS

Pro Portion:	
Energie	300 kcal/1250 kJ
Fett, insgesamt	20,9 g
gesättigtes Fett	2,7 g
Eiweiß	23,2 g
Kohlenhydrate	4,8 g
Zucker, insgesamt	4,5 g
Ballaststoffe	2,4 g
Natrium	126 mg

3 Das restliche Olivenöl in einer Pfanne erhitzen und darin die Hähnchenstücke 7–10 Minuten auf großer Flamme ringsum anbräunen.

4 Die Fleischstücke auf den Salat legen, das Dressing noch einmal kurz durchrühren und den Salat damit anmachen. Mit Salz und Pfeffer abschmecken und sofort servieren.

Krautsalat mit Obst und Nüssen

Diese delikate Mischung aus knackigem Gemüse, Früchten und Nüssen wird mit einer leichten Mayonnaise bedeckt.

ZUTATEN

Für 6 Personen

225 g Weißkohl
1 große Möhre
175 g eßfertige Dörraprikosen
50 g Walnüsse
50 g Haselnüsse
115 g Rosinen
2 EL frische gehackte Petersilie, Schnittlauchröllchen, oder eine Mischung aus beidem
7 EL kalorienreduzierte glutenfreie Mayonnaise
5 EL fettarmer Naturjoghurt
Salz und gemahlener schwarzer Pfeffer
frischer Schnittlauch zum Garnieren

1 Den Kohl in feine Streifen schneiden, die Möhre grob raspeln und beides in einer großen Schüssel vermischen. Die Aprikosen und Nüsse grob hacken und unterziehen. Rosinen und gehackte Kräuter zugeben.

2 In einer zweiten Schüssel die Mayonnaise mit dem Joghurt verrühren und mit Salz und Pfeffer abschmecken.

3 Die Mayonnaise zum Gemüse geben und alles gründlich vermengen.

4 Die Schüssel abdecken und vor dem Servieren mindestens 30 Minuten lang kühl stellen, damit sich das Aroma entfalten kann. Mit frischem Schnittlauch garniert servieren.

NÄHRWERTHINWEIS

Pro Portion:	
Energie	283 kcal/1185 kJ
Fett, insgesamt	16,4 g
gesättigtes Fett	0,9 g
Eiweiß	5,5 g
Kohlenhydrate	30,1 g
Zucker, insgesamt	29 g
Ballaststoffe	4,4 g
Natrium	199 mg

Meeresfrüchtesalat mit Kräutern

Dieser Salat ist im Nu gezaubert und schmeckt als leichter Imbiß ebenso gut wie zu Backofenkartoffeln als gehaltvollere Mahlzeit.

ZUTATEN

Für 4 Personen

2 EL Olivenöl
1 EL aromatisiertes Öl, z. B. Basilikum- oder Chiliöl
fein abgeriebene Schale einer kleinen Zitrone
1 EL Zitronensaft
1 Knoblauchzehe, zerdrückt
2 EL gehacktes frisches Basilikum
175 g gemischte Blattsalate
115 g Kaiserschoten, in Streifen geschnitten
400 g gemischte Meeresfrüchte, TK-Ware, aufgetaut und abgetropft
Salz und gemahlener schwarzer Pfeffer

1 1 EL Olivenöl, das aromatisierte Öl, Zitronenschale und -saft, Knoblauch und Basilikum in einer kleinen Schüssel mischen. Mit Salz und Pfeffer würzen und gründlich verrühren. Beiseite stellen.

2 Die Salatblätter und Kaiserschoten kurz in der Servierschüssel vermengen.

NÄHRWERTHINWEIS

Pro Portion:	
Energie	202 kcal/845 kJ
Fett, insgesamt	12,8 g
gesättigtes Fett	1,8 g
Eiweiß	18,1 g
Kohlenhydrate	3,8 g
Zucker, insgesamt	1,9 g
Ballaststoffe	1,1 g
Natrium	289 mg

3 Das restliche Olivenöl in einer großen Pfanne oder im Wok erhitzen, die Meeresfrüchte hineingeben und bei mittlerer Hitze ca. 5 Min. braten. Meeresfrüchte auf den Salatblättern verteilen, die Salatsauce darüberträufeln. Kurz vermengen und sofort servieren.

ABWANDLUNG

Statt der TK-Meeresfrüchte können Sie frisch abgekochte Meeresfrüchte verwenden.

Salat aus Zitrusfrüchten

Eine erfrischend säuerliche Kombination aus Rauke, Feldsalat, Avocado sowie Grapefruit- und Orangenspalten in einer leichten, fruchtigen Marinade.

ZUTATEN

Für 4 Personen

1 rosa Grapefruit
2 Orangen
1 Avocado
50 g Pinienkerne
1 1/2 EL Olivenöl
2 TL Balsamessig
2 EL frisch gepreßter Orangensaft
50 g Feldsalat
50 g Rauke
Salz und gemahlener schwarzer Pfeffer
frische Kräuter zum Garnieren

1 Grapefruit und Orangen schälen und die Spalten herauslösen, in eine Schüssel legen, den Saft darüberpressen.

2 Avocado schälen, in Streifen schneiden, zu den Zitrusspalten geben.

3 Die Pinienkerne vorsichtig unterheben, dabei aufpassen, daß die Avocadostreifen ganz bleiben.

4 Aus Olivenöl, Essig, Orangensaft und den Gewürzen eine Salatsauce anrühren und zu den Früchten geben. Feldsalat und Rauke auf vier Tellern anrichten und die Obst-Avocado-Mischung darauflegen. Mit Kräutern bestreuen und sofort servieren.

NÄHRWERTHINWEIS

Pro Portion:	
Energie	307 kcal/845 kJ
Fett, insgesamt	26,6 g
gesättigtes Fett	3,56 g
Eiweiß	8,4 g
Kohlenhydrate	12,8 g
Zucker, insgesamt	11,8 g
Ballaststoffe	4,95 g
Natrium	63 mg

Fleisch, Geflügel und Fisch

Fleisch, Geflügel und Fisch bilden die Grundlage für viele köstliche glutenfreie Gerichte. Mit Salzkartoffeln, Reis oder Reisnudeln und den frischen Gemüsen der Saison ergeben sie schmackhafte, sättigende und gesunde Mahlzeiten. Die folgende verführerische Auswahl an Rezepten reicht von Risotto mit Pancetta und dicken Bohnen, Rindfleisch-Brokkoli-Pfanne über einen Auflauf aus Kabeljau, Tomaten und Paprika bis zu Hähnchenbrust mit Pesto. Da ist bestimmt für jeden Geschmack etwas dabei!

Risotto mit Pancetta und dicken Bohnen

Dieses würzige Risotto ist gesund und nahrhaft. Servieren Sie dazu frisches Gemüse oder einen grünen Salat.

Zutaten

Für 4 Personen

1 EL Olivenöl
1 Zwiebel, gehackt
2 Knoblauchzehen, fein gehackt
175 g geräucherter Bauchspeck (Pancetta), gewürfelt
350 g Avorio-Reis
1,2 l Geflügelbrühe
225 g feine dicke Bohnen (TK-Ware)
2 EL frische gehackte Kräuter, z. B. Petersilie, Thymian und Oregano
Salz und gemahlener schwarzer Pfeffer
Parmesanspäne zum Garnieren
Frische glattblättrige Petersilie, gehackt, zum Garnieren

1 Das Öl in einem großen Topf oder einer Pfanne erhitzen. Zwiebeln, Knoblauch und Speck darin ca. 5 Minuten anrösten, gelegentlich umrühren.

2 Den Reis in die Pfanne schütten und 1 Minute unter Rühren glasig werden lassen. 300 ml Brühe angießen und unter häufigem Rühren köcheln lassen, bis der Reis die Flüssigkeit aufgesogen hat.

3 Die restliche Brühe schöpflöffelweise zugeben und häufig umrühren, bis der Reis »al dente« und cremig ist und fast die gesamte Flüssigkeit aufgesogen hat, was 30–35 Minuten dauert. Ggf. weitere Brühe zugießen.

4 In der Zwischenzeit die dicken Bohnen ca. 3 Minuten in Salzwasser kochen, abschütten und warm stellen.

5 Bohnen, Kräuter und Gewürze unter das Risotto heben. Mit Parmesanspänen und Petersilie bestreut servieren.

Nährwerthinweis

Pro Portion:	
Energie	485 kcal/2031 kJ
Fett, insgesamt	9,9 g
gesättigtes Fett	1,7 g
Eiweiß	22,35 g
Kohlenhydrate	74,7 g
Zucker, insgesamt	1,93 g
Ballaststoffe	4,36 g
Natrium	1969 mg

Fleischbällchen mit Nudeln

Servieren Sie diese leckeren Hackbällchen auf einem Bett frisch gekochter glutenfreier Nudeln, etwa Maismehlspaghetti.

Zutaten

Für 6 Personen

450 g mageres Schweinehack
1 Porreestange, fein gehackt
115 g Pilze, fein gehackt
1 EL frischer Thymian, gehackt
1 EL Tomatenmark
1 Ei, verquirlt
2 EL Kartoffelmehl
1 EL Sonnenblumenöl
350–500 g glutenfreie Nudeln
frische Thymianblättchen zum Garnieren

Tomatensauce

1 Zwiebel, fein gehackt
1 Möhre, fein gehackt
1 Stange Sellerie, fein gehackt
1 Knoblauchzehe, zerdrückt
675 g reife Tomaten, gehäutet, entkernt und gehackt
150 ml trockener Weißwein
150 ml würzige Gemüsebrühe
1 EL Tomatenmark
1 EL frisches Basilikum, gehackt
Salz und gemahlener schwarzer Pfeffer

1 Den Backofen auf 180 °C vorheizen. Für die Fleischbällchen das Gehackte in einer Schüssel mit Porree, Pilzen, Thymian, Tomatenmark, Ei und Kartoffelmehl vermengen und zu kleinen Kugeln formen. Auf einen Teller legen und abgedeckt kalt stellen.

2 Zwischenzeitlich die Zutaten für die Tomatensauce in einen kleinen Topf geben, abschmecken und aufkochen. Offen 10 Minuten eindicken lassen.

Nährwerthinweis

Pro Portion:	
Energie	504 kcal/2113 kJ
Fett, insgesamt	8,8 g
gesättigtes Fett	2,2 g
Eiweiß	26,5 g
Kohlenhydrate	76,4 g
Zucker, insgesamt	6,9 g
Ballaststoffe	2,5 g
Natrium	295 mg

3 Das Öl in einer Pfanne erhitzen und die Fleischbällchen darin portionsweise hellbraun braten. In eine flache feuerfeste Form legen und mit der Tomatensauce bedecken. Abgedeckt 1 Stunde backen.

4 In der Zwischenzeit die Nudeln 8–12 Minuten in Salzwasser bißfest kochen. Abschrecken und abtropfen lassen.

5 Die gekochten Nudeln auf vorgewärmte tiefe Teller verteilen und die Fleischbällchen mit Sauce daraufgeben. Mit Thymian garniert servieren.

Lammfilet mit Aprikosen und Kräuterklößchen

Dieser samtig-fruchtige Schmortopf wird mit glutenfreien Kräuterklößchen angereichert. Dazu passen Backofenkartoffeln und Brokkoli.

Zutaten

Für 6 Personen

2 EL Sonnenblumenöl
675 g mageres Lammfilet, in 2,5 x 2,5 cm große Würfel geschnitten
350 g ganz kleine gelbe Zwiebeln, geschält
1 Knoblauchzehe, zerdrückt
225 g Zuchtchampignons
175 g eßfertige Dörraprikosen
250 ml würzige Lamm- oder Rindfleischbrühe
250 ml Rotwein
1 EL Tomatenmark
Salz und gemahlener schwarzer Pfeffer
frische gehackte Kräuter zum Garnieren

Klöße

115 g glutenfreies Mehl
1 gestrichener TL Backpulver
50 g glutenfreies pflanzliches Plattenfett, grob geraspelt
1–2 EL frische gemischte Kräuter, gehackt

Abwandlung

Anstelle von Lamm können Sie mageres Rind- oder Schweinefleisch, anstelle der Zwiebeln Schalotten verwenden.

Nährwerthinweis

Pro Portion:	
Energie	513 kcal/3204 kJ
Fett, insgesamt	28,8 g
gesättigtes Fett	11,6 g
Eiweiß	26,1 g
Kohlenhydrate	31,6 g
Zucker, insgesamt	15,3 g
Ballaststoffe	3,4 g
Natrium	257 mg

1 Den Backofen auf 160 °C vorheizen. In einem großen feuerfesten Topf das Öl erhitzen und die Lammstücke darin bei mäßiger Hitze rundum anbräunen, dabei gelegentlich umrühren. Das Fleisch mit einem Schaumlöffel herausnehmen und warm stellen.

2 Zwiebeln, Knoblauch und Pilze in das Öl geben und ca. 5 Minuten unter gelegentlichem Rühren auf kleiner Flamme anschwitzen.

3 Das Fleisch wieder in den Topf geben, die Aprikosen, Brühe, Wein und Tomatenmark hinzufügen. Mit Salz und Pfeffer würzen und gut vermengen.

4 Unter Rühren zum Kochen bringen, dann den Topf vom Herd nehmen. Abgedeckt in den Backofen stellen und 1 1/2–2 Stunden weiterschmoren, bis das Lammfleisch gar ist. Zwischendurch ein- bis zweimal umrühren; ggf. noch etwas Brühe angießen.

5 In der Zwischenzeit die Klößchen zubereiten. Mehl, Fett, Kräuter und Gewürze in einer Schüssel vermischen. Soviel kaltes Wasser angießen, daß ein weicher, elastischer Teig entsteht. In murmelgroße Stücke zerteilen und zwischen den bemehlten Handflächen zu Kugeln rollen.

6 Den Deckel vom Schmortopf abnehmen und die Klöße oben auf Lamm und Gemüse legen.

7 Die Backofentemperatur auf 190 °C erhöhen, den Topf wieder in den Backofen stellen und weitere 20–25 Minuten schmoren lassen. Mit frischen Kräutern bestreut servieren.

Rindfleisch-Brokkoli-Pfanne

Ein schnelles Gericht mit orientalischem Flair.

Zutaten

Für 4 Personen

2 TL glutenfreie Maisstärke
3 EL glutenfreie Sojasauce
3 EL Portwein
1 EL Sonnenblumenöl
350 g mageres Rindersteak, in feine Streifen geschnitten
1 Knoblauchzehe, zerdrückt
1 ca. 2,5 cm langes Stück frischen Ingwer, geschält und fein gehackt
1 rote Paprikaschote, entkernt und in Streifen geschnitten
225 g Brokkoliröschen
Salz und gemahlener schwarzer Pfeffer
frische Petersilie zum Garnieren
als Beilage Kräuter-Naturreis oder Glasnudeln

1 In kleiner Schüssel Maisstärke mit Sojasauce und Portwein verquirlen.

2 Öl in einer großen Pfanne oder einem Wok erhitzen und darin Fleisch, Knoblauch und Ingwer 2–3 Minuten bei mittlerer Hitze unter ständigem Rühren braten, bis das Fleisch angebräunt ist. Paprika und Brokkoli zugeben und ca. 5 Min. weiterbraten, dabei ständig rühren.

3 Die Mehlmischung und Salz und Pfeffer zugeben und unter ständigem Rühren weiterbraten, bis die Sauce andickt und glänzt. Die Hitze herunterschalten und 1 Minute weiterrühren. Mit Petersilie garnieren und sofort servieren. Als Beilage dazu passen Kräuter-Naturreis oder Glasnudeln.

Nährwerthinweis

Pro Portion:	
Energie	217 kcal/909 kJ
Fett, insgesamt	9,8 g
gesättigtes Fett	3,0 g
Eiweiß	21,9 g
Kohlenhydrate	7,4 g
Zucker, insgesamt	3,8 g
Ballaststoffe	1,86 g
Natrium	46 mg

Hähnchenbrust mit Pesto

Gebratene Hähnchenbrust mit warmem Pesto ist im Handumdrehen fertig. Dazu schmecken glutenfreie Nudeln oder Glasnudeln und geschmorte Gemüse.

Zutaten

Für 4 Personen

1 EL Olivenöl
4 Hähnchenbrustfilets, gehäutet
frische Basilikumblätter zum Garnieren
als Beilage geschmorte Möhren und Staudensellerie

Pesto:

6 EL Olivenöl
50 g Pinienkerne
50 g frisch geriebener Parmesan
50 g frische Basilikumblätter
15 g frische Petersilie
2 Knoblauchzehen, zerdrückt
Salz und gemahlener schwarzer Pfeffer

1 1 EL Öl in einer Pfanne erhitzen und die Hähnchenbrüste 15–20 Minuten bei mittlerer Hitze darin anbraten, dabei mehrmals wenden, bis das Fleisch gar, hellbraun und zart ist.

2 In der Zwischenzeit das Pesto zubereiten. Olivenöl, Pinienkerne, Parmesan, Basilikum, Petersilie, Knoblauch, Salz und Pfeffer mit dem Mixstab oder in der Küchenmaschine zu einer glatten Sauce pürieren.

3 Hähnchenbrüste aus der Pfanne nehmen und abgedeckt warm stellen. Die Hitze etwas herunterschalten, dann das Pesto in die Pfanne geben und unter gelegentlichem Rühren ein paar Minuten erwärmen.

4 Das warme Pesto über das Fleisch gießen und mit Basilikumblättchen garnieren. Dazu geschmorte Möhren und Staudensellerie reichen.

Nährwerthinweis

Pro Portion:	
Energie	581 kcal/2491 kJ
Fett, insgesamt	41,9 g
gesättigtes Fett	7,67 g
Eiweiß	49,12 g
Kohlenhydrate	1,97 g
Zucker, insgesamt	0,64 g
Ballaststoffe	0,6 g
Natrium	210 mg

Thailändisches Hähnchen-Gemüsecurry

Für dieses Currygericht werden Hähnchenteile und Gemüse in einer Kokosnußsauce gegart.

Zutaten

Für 4 Personen

1 EL Sonnenblumenöl
6 Schalotten, fein gehackt
2 Knoblauchzehen, zerdrückt
450 g Hähnchenbrustfilets, gehäutet, in mundgerechte Stücke geschnitten
1 TL gemahlener Koriander
1 TL gemahlener Kreuzkümmel
4 TL thailändische grüne Currypaste
1 grüne Paprika, entkernt und gewürfelt
175 g Baby-Maiskolben, halbiert
115 g Keniabohnen, halbiert
150 ml Geflügelbrühe
150 ml Kokosmilch
2 EL glutenfreie Maisstärke
frische Kräuter und geröstete Cashewkerne zum Garnieren
als Beilage: gekochter Reis

1 Öl in einem Topf erhitzen. Darin Schalotten, Knoblauch und Hähnchenstücke 5 Minuten anbraten, bis das Hähnchen ringsum angebräunt ist.

2 Koriander, Kreuzkümmel, Currypaste zugeben. 1 Minute weiterbraten.

Tip

Wenn Sie das Curry gern scharf mögen, geben Sie etwas mehr Currypaste hinein.

3 Paprika, Mais, Bohnen, Brühe und Kokosmilch zugeben und alles gut vermengen.

4 Unter Rühren aufkochen, dann abgedeckt 20–30 Minuten köcheln lassen, bis das Hähnchen weich ist, dabei gelegentlich umrühren.

5 In einer kleinen Schüssel die Maisstärke mit ca. 3 EL Wasser anrühren und zum Curry geben, rund 2 Minuten unter ständigem Rühren sanft köcheln lassen, bis die Sauce etwas andickt. Mit frischen Kräutern und gerösteten Cashewkernen garniert heiß servieren, dazu gekochten Reis reichen.

Nährwerthinweis

Pro Portion:	
Energie	233 kcal/9841 kJ
Fett, insgesamt	6,65 g
gesättigtes Fett	0,93 g
Eiweiß	30,1 g
Kohlenhydrate	14,1 g
Zucker, insgesamt	5 g
Ballaststoffe	3,43 g
Natrium	924 mg

Hähnchen-Porree-Auflauf

Unter dem knusprig-leichten glutenfreien Kräuterteigdeckel verbirgt sich ein mit Estragon und Porree würzig angemachtes Hähnchenragout.

Zutaten

Für 4 Personen

175 g glutenfreies Mehl
eine Prise Salz
90 g Sonnenblumenmargarine
1 EL gemischte frische Kräuter, gehackt
3 Stangen Porree, in Ringe geschnitten
3 EL glutenfreie Maisstärke
400 ml fettarme Milch
1–2 EL frischer Estragon, gehackt
350 g Hähnchenbrustfilet, gehäutet und in mundgerechte Stücke geschnitten
200-g-Dose Maiskörner, abgetropft
Salz und gemahlener schwarzer Pfeffer
frische Kräuter und grobes Meersalz zum Garnieren

1 Für den Teig Mehl und Salz in eine Schüssel sieben und 75 g der Margarine einarbeiten, bis die Masse Brotkrumen ähnelt. Die Kräutermischung und etwas kaltes Wasser zugeben, um den Teig geschmeidig und fest zu machen. In Klarsichtfolie einwickeln und 30 Min. kalt stellen.

2 Den Backofen auf 190 °C vorheizen. Den Porree 10 Minuten dämpfen, bis er gerade bißfest ist. Gründlich abtropfen lassen und warm stellen.

3 In der Zwischenzeit die Maisstärke mit 75 ml Milch verquirlen. Die restliche Milch in einem Topf bis kurz unter dem Siedepunkt erhitzen und unter ständigem Rühren zur Maisstärkemischung gießen. Diese Mischung in den Topf zurückgeben und vorsichtig erhitzen, bis die Sauce aufkocht und andickt, dabei ständig rühren. 2 Minuten unter Rühren köcheln lassen.

4 Die restliche Margarine zusammen mit Estragon, Porree, Hähnchen und Mais in den Topf geben, mit Salz und Pfeffer abschmecken und gründlich vermischen.

Nährwerthinweis

Pro Portion:	
Energie	598 kcal/2504 kJ
Fett, insgesamt	24 g
gesättigtes Fett	5,6 g
Eiweiß	37,2 g
Kohlenhydrate	59,9 g
Zucker, insgesamt	9,2 g
Ballaststoffe	2,27 g
Natrium	265 mg

5 Diese Masse in eine feuerfeste 1,2-Liter-Form füllen und auf ein Backblech stellen. Teig zu einer Platte ausrollen (etwas größer als die Form). Diese auf die Form legen und ringsum fest andrücken. Überstände abschneiden und zum Dekorieren verwenden. In die Mitte einen Schlitz schneiden.

6 35–40 Minuten goldgelb backen. Mit Kräutern und grobem Salz bestreuen und sofort servieren.

Abwandlung

Sie können auch halb Milch, halb Geflügelbrühe angießen.

Marinierter Seeteufel mit Tomatenconcassé

Dieses leichte, sehr würzige Gericht ist ideal für einen heißen Sommertag. Trinken Sie Weißwein dazu.

Zutaten

Für 4 Personen
2 EL Olivenöl
fein abgeriebene Schale und Saft von 1 Limette
2 EL gemischte frische Kräuter, gehackt
1 TL glutenfreier Dijonsenf
4 Seeteufelfilets ohne Haut und Gräten
Salz und gemahlener schwarzer Pfeffer
frische Kräuter zum Garnieren

Tomatenconcassé:
4 Eiertomaten, gehäutet und gehackt
1 Knoblauchzehe, gehackt
1 EL Olivenöl
1 EL Tomatenmark
2 EL frischer Oregano, gehackt
1 TL brauner Zucker

1 Öl, Limettenschale und -saft, Kräuter, Senf, Salz und Pfeffer in eine kleine Schüssel geben und gründlich verquirlen.

Tip

Die Sauce kann nach Belieben kalt oder heiß serviert werden. Bereiten Sie sie wie im Rezept angegeben zu und erhitzen Sie sie bis kurz unter dem Siedepunkt.

2 Fisch in eine flache feuerfeste Schale (kein Metall!) legen, die Limetten-Kräutermischung darübergießen. Fisch mehrfach in der Marinade wenden. Abgedeckt 1–2 Stunden ziehen lassen.

3 In der Zwischenzeit die Sauce zubereiten. Alle Zutaten mit dem Mixstab oder in der Küchenmaschine glatt pürieren. Abschmecken und abgedeckt bis zum Servieren kalt stellen.

4 Ofen auf 180 °C vorheizen. Jedes Filet aus der Marinade nehmen und auf ein Stück Pergamentpapier legen, das groß genug zum Einwickeln ist.

5 Ein wenig von der Marinade auf jedes Filet geben. Das Papier locker über dem Fisch zusammenlegen und zu einem fest verschlossenen Päckchen falten. Auf ein Backblech legen.

6 20–30 Minuten backen, bis die Filets gar sind.

7 Die Päckchen vorsichtig auspacken und die Fischfilets sofort servieren. Von der Sauce jeweils einen Klecks danebensetzen und mit frischen Kräutern bestreuen.

Nährwerthinweis

Pro Portion:	
Energie	210 kcal/821 kJ
Fett, insgesamt	12,26 g
gesättigtes Fett	1,82 g
Eiweiß	20,75 g
Kohlenhydrate	4,72 g
Zucker, insgesamt	3,8 g
Ballaststoffe	1 g
Natrium	77 mg

Gebackene Forelle mit Wildpilzen

Zutaten

Für 4 Personen

4 ganze Regenbogenforellen, ausgenommen und gesäubert
Saft von 1 Zitrone
1 EL frische Petersilie, gehackt
2 EL Olivenöl
2 Schalotten, fein gehackt
1 Knoblauchzehe, zerdrückt
350 g gemischte Wildpilze, gehackt
1 EL Portwein oder Madeira
2 EL Crème fraîche
Salz und gemahlener schwarzer Pfeffer
frische Petersilie, gehackt, zum Garnieren

1 Den Backofen auf 180 °C vorheizen. Eine flache feuerfeste Form einfetten und die Forellen nebeneinander hineinlegen. Mit Zitronensaft beträufeln und mit Petersilie bestreuen.

2 Mit Alufolie abdecken und 30–40 Minuten im Backofen backen.

3 In der Zwischenzeit das Öl in einer Pfanne erhitzen und Schalotten und Knoblauch darin 3–5 Minuten anrösten, dabei gelegentlich rühren. Die Pilze zugeben und ca. 5 Minuten unter ständigem Rühren bißfest anbraten.

4 Portwein bzw. Madeira angießen, die Hitze hochschalten und unter Rühren einige Minuten die Flüssigkeit einkochen lassen. Die Crème fraîche zugeben, mit Salz und Pfeffer abschmekken und gut verrühren.

5 Die gebackenen Forellen auf Teller legen und jeweils etwas Pilzsauce darüber oder daneben geben. Mit gehackter Petersilie bestreuen und sofort servieren.

Nährwerthinweis

Pro Portion:	
Energie	330 kcal/294 kJ
Fett, insgesamt	18,4 g
gesättigtes Fett	3,9 g
Eiweiß	38,3 g
Kohlenhydrate	1,92 g
Zucker, insgesamt	1,62 g
Ballaststoffe	1,3 g
Natrium	102 mg

Gegrillter Lachs mit Mango-Tartar

Zutaten

Für 4 Personen

1 mittelgroße reife Mango
115 g Schlangengurke
2 Frühlingszwiebeln
2 EL frischer Koriander, gehackt
4 Lachsschnitzel, je ca. 175 g
Saft von 1 Zitrone oder Limette
Salz und gemahlener schwarzer Pfeffer
frische Korianderblätter und Zitronenspalten zum Garnieren

1 Mango-Tartar: Mango schälen, entsteinen, fein würfeln; in eine Schüssel geben. Gurke schälen, entkernen, fein würfeln. Frühlingszwiebeln in dünne Ringe schneiden, mit der Gurke zur Mango geben und mit Koriander, Salz und Pfeffer vermengen. Abgedeckt 30 Minuten ziehen lassen.

2 Zwischenzeitlich den Grill vorheizen. Lachsschnitzel auf eine geriffelte Grillpfanne legen und mit Zitronen- oder Limettensaft beträufeln. Auf jeder Seite ca. 6 Minuten grillen, bis der Fisch gar ist und sich am Rand leicht von der Haut lösen läßt. Sie können die Schnitzel auch auf einem Holzkohlengrill oder unter einem Salamander grillen.

3 Den Lachs auf Portionsteller legen und jeweils etwas Mango-Tartar daneben anrichten. Mit Korianderblättchen und Zitronenspalten garniert sofort servieren.

Nährwerthinweis

Pro Portion:	
Energie	350 kcal/1460 kJ
Fett, insgesamt	19,5 g
gesättigtes Fett	3,4 g
Eiweiß	36,2 g
Kohlenhydrate	7,84 g
Zucker, insgesamt	4,3 g
Ballaststoffe	2 g
Natrium	98 mg

Omelette mit Thunfisch, Zucchini und Paprika

Dieses sättigende italienische Omelette ist im Nu gezaubert. Servieren Sie dazu gemischten oder grünen Salat.

ZUTATEN

Für 4 Personen

1 EL Sonnenblumenöl
1 Zwiebel, gehackt
1 Zucchini, in dünnen Scheiben
1 rote Paprikaschote, entkernt und in Streifen geschnitten
4 Eier
2 EL fettarme Milch
200-g-Dose Thunfisch in Aufguß, abgetropft und auseinandergezupft
2 TL getrocknete Kräuter der Provence
50 g geriebener Mimolette oder Gouda
Salz und gemahlener schwarzer Pfeffer
als Beilage gemischter oder grüner Salat

1 Die Hälfte des Öls in einem flachen Topf erhitzen und darin Zwiebel, Zucchini und Paprika 5 Minuten unter häufigem Rühren anbraten.

2 In einer Schüssel Eier und Milch verschlagen. Restliches Öl in einer schweren Omelettepfanne erhitzen. Zucchini und Paprika, Thunfisch und Kräuter zugeben und kräftig würzen.

3 Die Eiermischung über die Gemüse in die Pfanne gießen und bei mittlerer Hitze stocken lassen, dabei immer wieder zusammenschieben, damit das Ei den Pfannenboden berührt, dann aber nicht mehr bewegen, bis das Omelette an der Unterseite goldgelb gebakken ist. Den Grill vorheizen.

4 Den Käse auf das Omelette streuen und kurz unter dem Grill goldgelb überbacken.

5 Das Omelette in Stücke schneiden und sofort servieren, dazu einen Salat reichen.

NÄHRWERTHINWEIS

Pro Portion:	
Energie	250 kcal/1046 kJ
Fett, insgesamt	15,3 g
gesättigtes Fett	5,2 g
Eiweiß	24 g
Kohlenhydrate	4,7 g
Zucker, insgesamt	3,1 g
Ballaststoffe	0,8 g
Natrium	330 mg

Auflauf mit Kabeljau, Tomaten und Paprika

Die sonnengetränkten Düfte der Mittelmeerländer verleihen diesem würzigen Gericht seinen Pfiff. Dazu passen bißfest gekochte Zucchini.

ZUTATEN

Für 4 Personen

450 g Kartoffeln, in dünnen Scheiben
2 EL Olivenöl
1 rote Zwiebel, gehackt
1 Knoblauchzehe, zerdrückt
1 rote Paprikaschote, entkernt, gewürfelt
1 gelbe Paprika, entkernt und gewürfelt
225 g Pilze, geviertelt
400-g-Dose gehackte Tomaten
150 ml trockener Weißwein
450 g Kabeljaufilet ohne Haut und Gräten, in 2 x 2 cm große Würfel geschnitten
50 g entsteinte schwarze Oliven, gehackt
1 EL frisches Basilikum, gehackt
1 EL frischer Oregano, gehackt
Salz und gemahlener schwarzer Pfeffer
frische Oreganozweige zum Garnieren
als Beilage gekochte Zucchini

1 Den Backofen auf 200 °C vorheizen. Die Kartoffeln 4 Minuten in Salzwasser blanchieren. Abschütten und in 1 EL Öl schwenken. Beiseite stellen.

2 Restliches Öl in einem Topf erhitzen; darin Zwiebel, Knoblauch, rote und gelbe Paprika 5 Minuten anbraten.

3 Die Pilze, Tomaten und Wein dazugeben, zum Kochen bringen und die Sauce einige Minuten auf großer Flamme etwas einkochen lassen.

NÄHRWERTHINWEIS

Pro Portion:	
Energie	336 kcal/1412 kJ
Fett, insgesamt	10,6 g
gesättigtes Fett	1,5 g
Eiweiß	26,5 g
Kohlenhydrate	29,2 g
Zucker, insgesamt	9 g
Ballaststoffe	4,6 g
Natrium	424 mg

4 Fisch, Oliven, Kräuter und Gewürze zur Tomatenmischung geben.

5 Diese Mischung in einen gefetteten Bräter füllen und die Kartoffelscheiben darauf verteilen, so daß die Fisch-Gemüse-Mischung völlig bedeckt ist.

6 Ohne Abdeckung ca. 45 Minuten backen, bis die Kartoffelschicht braun wird. Mit frischem Oregano bestreut servieren, die Zucchini dazu reichen.

Vegetarische Gerichte

Ganz gleich, ob Sie lieber generell vegetarisch leben möchten oder nur einmal ein vegetarisches Gericht als Alternative zur üblichen Fleischküche einflechten wollen: Dieses Kapitel bietet Ihnen eine Reihe ebenso leckerer wie gesunder glutenfreier Rezepte von Gemüse-Moussaka über provenzalische Paprika und Kräuterpilaf bis zu Wildpilz-Brokkoli-Torte. Reichen Sie dazu glutenfreies Brot oder Nudeln, Kartoffeln oder Reis sowie einen gemischten Blattsalat oder gekochte Gemüse.

Gemüse-Moussaka

Servieren Sie diese würzige vegetarische Version der beliebten griechischen Moussaka mit warmem, glutenfreiem Brot und einem kräftigen Rotwein.

Zutaten

Für 6 Personen

450 g Auberginen, in Scheiben
115 g kleine grüne Linsen
600 ml Gemüsebrühe
1 Lorbeerblatt
3 EL Olivenöl
1 Zwiebel, in Ringe geschnitten
1 Knoblauchzehe, zerdrückt
225 g frische Champignons, geviertelt
400-g-Dose Kichererbsen, unter fließendem Wasser abgebraust, abgetropft
400-g-Dose gehackte Tomaten
2 EL Tomatenmark
2 TL getrocknete Kräuter der Provence
3 EL Wasser
300 ml Naturjoghurt
3 Eier
50 g geriebener Cheddar, Mimolette oder Gouda
Salz und gemahlener schwarzer Pfeffer
glattblättrige Petersilie, gehackt

1 Die Auberginenscheiben salzen und in ein Sieb legen. Abgedeckt 30 Minuten ziehen lassen, damit das Salz die Bitterstoffe herauszieht.

2 Zwischenzeitlich Linsen, Brühe und Lorbeer in einen Topf geben, aufkochen und abgedeckt 20 Minuten köcheln lassen, bis die Linsen gar, aber noch bißfest sind. Abschütten und warm stellen.

3 1 EL Öl in einem großen Topf erhitzen und darin Zwiebeln und Knoblauch 5 Minuten unter Rühren anschwitzen. Linsen, Pilze, Kichererbsen, Tomaten, Tomatenmark, Kräuter und Wasser zugeben. Aufkochen und abgedeckt 10 Minuten köcheln lassen.

4 Backofen auf 180 °C vorheizen. Auberginen abspülen und trockentupfen. Das restliche Öl in einer Pfanne erhitzen. Auberginenscheiben portionsweise je 3–4 Minuten anbraten.

5 Die Linsenmischung mit Salz und Pfeffer abschmecken. In eine große feuerfeste Form zunächst eine Schicht Auberginen legen, darauf etwas von den Linsen verteilen. Schichtweise fortfahren, bis alle Auberginenscheiben und die gesamte Linsenmasse verbraucht sind.

6 Joghurt und Eier verquirlen und mit Salz und Pfeffer würzen. Über die Gemüse in der Form gießen und die Oberfläche mit dem Reibkäse bestreuen. 45 Minuten backen, bis der Käse goldgelb ist und Blasen wirft. Mit gehackter Petersilie garnieren und sofort servieren.

Nährwerthinweis

Pro Portion:	
Energie	3483 kcal/1463 kJ
Fett, insgesamt	17,3 g
gesättigtes Fett	4,4 g
Eiweiß	20,6 g
Kohlenhydrate	29,5 g
Zucker, insgesamt	9 g
Ballaststoffe	7,1 g
Natrium	722 mg

Reisnudeln mit Gemüse-Chilisauce

Zutaten

Für 4 Personen

1 EL Sonnenblumenöl
1 Zwiebel, gehackt
2 Knoblauchzehen, zerdrückt
1 frische rote Chilischote, entkernt und fein gehackt
1 rote Paprika, entkernt und gewürfelt
2 Möhren, geputzt und fein gehackt
175 g Baby-Maiskolben, halbiert
225-g-Dose Bambussprossen in Scheiben, abgespült und abgetropft
400-g-Dose rote Kidney-Bohnen, abgespült und abgetropft
300 ml passierte Tomaten (Packung)
1 EL glutenfreie Sojasauce
1 TL gemahlener Koriander
250 g Reisnudeln (Glasnudeln)
2 EL frische Korianderblätter oder Petersilie, gehackt
Salz und gemahlener schwarzer Pfeffer
frische Petersilie zum Garnieren

1 Öl erhitzen, Zwiebeln, Knoblauch, Chili, Paprika zugeben und unter Rühren 5 Minuten anbraten. Möhren, Mais, Bambussprossen, Kidney-Bohnen, passierte Tomaten und Sojasauce zugeben und mit gem. Koriander würzen.

Tip

Waschen Sie sich nach dem Putzen der Chilischote am besten sofort die Hände, denn die Schoten enthalten ätherische Öle, die Augen- und Hautreizungen verursachen können.

2 Zum Kochen bringen, dann abgedeckt 30 Minuten auf kleiner Flamme köcheln lassen, bis das Gemüse gar ist, dabei gelegentlich umrühren. Mit Salz und Pfeffer abschmecken.

3 Nudeln in eine Schüssel legen, mit kochendem Wasser übergießen. Mit einer Gabel umrühren und 3–4 Minuten bzw. wie auf der Packung angegeben ausquellen lassen. Mit kochendem Wasser übergießen, abtropfen lassen.

4 Koriander- bzw. Petersiliengrün unter die Sauce heben. Die Glasnudeln auf vorgewärmte tiefe Teller geben und die Sauce darübergeben.

Nährwerthinweis

Pro Portion:	
Energie	409 kcal/1717 kJ
Fett, insgesamt	5,2 g
gesättigtes Fett	0,6 g
Eiweiß	13,5 g
Kohlenhydrate	77,3 g
Zucker, insgesamt	10,6 g
Ballaststoffe	8,7 g
Natrium	11,56 mg

Herbstlicher Linseneintopf

Zutaten

Für 6 Personen
1 EL Sonnenblumenöl
2 Stangen Porree, in Stücke geschnitten
1 Knoblauchzehe, zerdrückt
4 Stangen Sellerie, in Stücke geschnitten
2 Möhren, in Scheiben geschnitten
2 Pastinaken, gewürfelt
1 Süßkartoffeln, gewürfelt
225 g Steckrübe, gewürfelt
175 g braune oder grüne Linsen
450 g Tomaten, gehäutet, entkernt und gehackt
1 EL frischer Thymian, gehackt
1 EL frischer Majoran, gehackt
900 ml gut gewürzte Gemüsebrühe
1 EL glutenfreie Maisstärke
Salz und gemahlener schwarzer Pfeffer
frische Thymianblättchen zum Garnieren

1 Backofen auf 180 °C vorheizen. Das Öl in einem großen feuerfesten Schmortopf erhitzen. Darin Porree, Knoblauch und Sellerie 3 Minuten auf kleiner Flamme anschwitzen.

2 Möhren, Pastinaken, Süßkartoffel, Steckrübe, Linsen, Tomaten, Kräuter, Brühe und Gewürze hinzufügen und gut vermengen. Unter gelegentlichem Rühren zum Kochen bringen.

3 Abgedeckt ca. 50 Minuten backen, bis Gemüse und Linsen gar und bißfest sind. Während der Garzeit den Topf ein- oder zweimal aus dem Ofen nehmen und das Gemüse umrühren.

4 Den Topf aus dem Ofen nehmen. Die Maisstärke in einer kleinen Schüssel mit 3 EL Wasser anrühren und mit dem Gemüse vermengen. Vorsichtig unter ständigem Rühren aufkochen, bis die Sauce andickt, dann 2 Minuten unter Rühren köcheln lassen.

5 Das Gemüse in vorgewärmte tiefe Teller oder Suppentassen füllen und mit Thymian garniert servieren.

Nährwerthinweis

Pro Portion:	
Energie	254 kcal/1075 kJ
Fett, insgesamt	11 g
gesättigtes Fett	0,15 g
Eiweiß	11,5 g
Kohlenhydrate	37,8 g
Zucker, insgesamt	10,8 g
Ballaststoffe	7,1 g
Natrium	722 mg

Kräuterpilaf

Dieses Rezept ist leicht und flott gemacht, aber dennoch ausgesprochen delikat. Servieren Sie dazu verschiedene frische Gemüse der Saison, beispielsweise Brokkoliröschen, Baby-Maiskolben oder kleine Möhren.

ZUTATEN

Für 4 Personen

225 g Natur- und Wildreis, gemischt
1 EL Olivenöl
1 Zwiebel, gehackt
1 Knoblauchzehe, zerdrückt
je 1 TL gemahlener Kreuzkümmel und Kurkuma
50 g Sultaninen
750 ml Gemüsebrühe
2–3 EL frische gemischte Kräuter, gehackt
Salz und gemahlener schwarzer Pfeffer
frische Kräuter und 25 g gehackte Pistazien zum Garnieren

1 Den Reis in einem Sieb unter kaltem Wasser waschen und gut abtropfen lassen. Das Öl in einem Topf erhitzen und darin Zwiebel und Knoblauch 5 Minuten unter Rühren anschwitzen.

2 Gewürze und Reis zugeben und 1 Minute unter Rühren anbraten. Sultaninen und Brühe dazugeben und aufkochen, dann abgedeckt 20–25 Minuten auf kleiner Flamme köcheln lassen, bis der Reis bißfest ist und fast alle Flüssigkeit aufgesogen hat. Ab und zu umrühren.

3 Die Kräuter unterheben und mit Salz und Pfeffer abschmecken. Das Pilaw auf vorgewärmte Teller füllen und mit frischen Kräutern garnieren. Mit Pistazien bestreut sofort servieren.

NÄHRWERTHINWEIS

Pro Portion:	
Energie	326 kcal/1363 kJ
Fett, insgesamt	8,6 g
gesättigtes Fett	0,15 g
Eiweiß	1,0 g
Kohlenhydrate	56 g
Zucker, insgesamt	10,2 g
Ballaststoffe	1,4 g
Natrium	630 mg

Junges Gemüse mit Käsekruste

Überbacken schmecken junge Gemüse erst richtig gut.

ZUTATEN

Für 6 Personen

1 kg gemischte junge Gemüse, z. B. Auberginen, Zwiebeln bzw. Schalotten, Zucchini, Maiskolben und Zuchtchampignons
1 rote Paprika, entkernt und in große Stücke geschnitten
1–2 Knoblauchzehen, fein gehackt
1–2 EL Olivenöl
2 EL frische gemischte Kräuter, gehackt
225 g Kirschtomaten
115 g Mozzarella, grob geraffelt
Salz und gemahlener schwarzer Pfeffer
evtl. schwarze Oliven

1 Den Backofen auf 220 °C vorheizen. Alle Gemüse längs halbieren.

2 Das Gemüse mit dem Knoblauch und den Gewürzen in eine feuerfeste Form legen und mit Öl beträufeln und darin wenden. 20 Minuten backen, bis die Ränder braun werden, dabei einmal umrühren.

3 Die Form aus dem Ofen nehmen und die Kräuter unterheben. Die Tomaten auf der Oberfläche verteilen und darauf den Mozzarella geben. Nochmals 5–10 Minuten backen, bis der Käse geschmolzen ist und Blasen wirft. Sofort servieren. Wenn Sie mögen, reichen Sie dazu schwarze Oliven.

NÄHRWERTHINWEIS

Pro Portion:	
Energie	162 kcal/679 kJ
Fett, insgesamt	10 g
gesättigtes Fett	3,4 g
Eiweiß	8,2 g
Kohlenhydrate	10,6 g
Zucker, insgesamt	7 g
Ballaststoffe	3,1 g
Natrium	172 mg

Wildpilz-Brokkoli-Torte

Der glutenfreie Kartoffel-Käseteig verbindet sich hervorragend mit den Aromen von Pilzen und Brokkoli zu einer herzhaften Torte, die bald zu den Leibgerichten Ihrer Familie gehört. Anstelle von Brokkoli kann man auch blanchierte Porreestücke nehmen.

Zutaten

Für 8 Personen

115 g kleine Brokkoliröschen
1 EL Olivenöl
3 Schalotten, fein gehackt
175 g gemischte Wildpilze, z.B. Steinpilze, Shiitake und Austernseitlinge, blättrig geschnitten oder gehackt
2 Eier
200 ml fettarme Milch
1 EL frischer Estragon, gehackt
50 g geriebener Cheddar, Mimolette oder Gouda
Salz und gemahlener schwarzer Pfeffer
frische Kräuter zum Garnieren

Teig:

75 g Reismehl
75 g glutenfreies Maismehl
eine Prise Salz
75 g weiche Margarine
115 g gekochte Kartoffeln, zerdrückt
50 g geriebener Cheddar, Mimolette oder Gouda

1 Für den Teig Reis- und Maismehl mit Salz in eine Schüssel geben und vermengen. Die Margarine mit dem Mehl verreiben, bis die Masse die Konsistenz von Brotkrumen hat.

2 Zerdrückte Kartoffeln und Käse unterheben und zu einem glatten, weichen Teig verarbeiten. In eine Plastiktüte verpackt 30 Minuten kalt stellen.

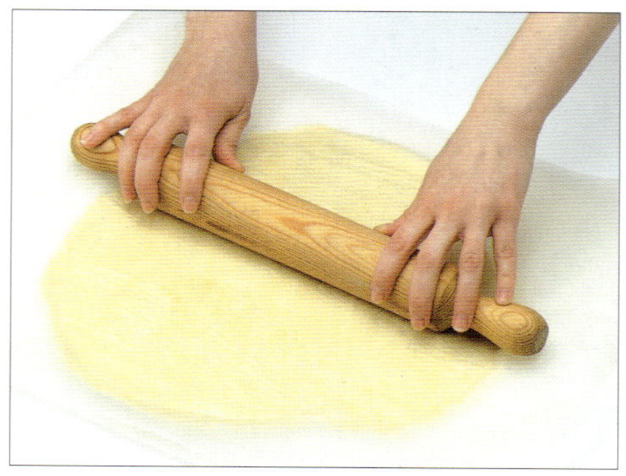

3 Den Teig zwischen zwei Blättern Pergamentpapier ausrollen und damit eine Springform von 24 cm Durchmesser auslegen. Den Rand ringsum mit einem scharfen Messer glattschneiden. Erneut kalt stellen.

4 Backofen auf 200 °C vorheizen. Die Brokkoliröschen 3 Minuten in kochendem Salzwasser blanchieren, gründlich abtropfen lassen und beiseite stellen.

5 Öl in einer Pfanne erhitzen und die Schalotten darin 3 Minuten unter Rühren anschwitzen. Die Pilze zugeben und 2 Minuten mitkócheln lassen.

6 Füllung in den Tortenboden füllen und Brokkoli darauflegen. Eier mit Milch, Estragon und Gewürzen verquirlen und über das Gemüse gießen. Reibkäse daraufstreuen. 10 Minuten backen, dann Temperatur auf 180 °C herunterschalten und ca. 30 Minuten weiterbacken, bis die Eimasse gestockt ist. Mit Kräutern warm oder kalt servieren.

Rechts: Nuß-Linsenauflauf (oben) und Wildpilz-Brokkoli-Torte

Nährwerthinweis

Pro Portion:	
Energie	265 kcal/1102 kJ
Fett, insgesamt	17,2 g
gesättigtes Fett	5,54 g
Eiweiß	8,8 g
Kohlenhydrate	18,5 g
Zucker, insgesamt	1,95 g
Ballaststoffe	1 g
Natrium	209 mg

Nuß-Linsen-Auflauf

Diese köstliche »Nußpastete« eignet sich gut für ein Picknick.

ZUTATEN

Für 8 Personen

1 EL Olivenöl
1 Zwiebel, gehackt
1 Stange Porree, gehackt
2 Stangen Sellerie, fein gehackt
225 g Champignons, gehackt
2 Knoblauchzehen, zerdrückt
425-g-Dose Linsen, abgebraust und abgetropft
115 g gemischte Nüsse, z. B. Haselnüsse, Cashewkerne und Mandeln, fein gehackt
50 g Kartoffelmehl
50 g geriebener Cheddar, Mimolette oder Gouda
1 Ei, verquirlt
3–4 EL gemischte Kräuter, gehackt
Salz und gemahlener schwarzer Pfeffer
glattblättrige Petersilie zum Garnieren

1 Den Backofen auf 190 °C vorheizen. Eine ca. 900 g fassende Kastenform einfetten.

2 Das Öl in einem großen Topf erhitzen und darin Zwiebel, Porree, Sellerie und Pilze anbraten und 10 Minuten auf kleiner Flamme köcheln lassen, bis die Gemüse bißfest sind, ab und zu umrühren.

3 Linsen, Nüsse, Kartoffelmehl, Reibkäse, Eier und Kräuter dazugeben. Mit Salz und Pfeffer würzen und gründlich vermengen.

4 Die Masse in die vorbereitete Kastenform füllen und glattstreichen. Ohne Abdeckung 50–60 Minuten backen, bis die Oberfläche zu bräunen beginnt und sich fest anfühlt.

5 Den Auflauf in der Form kurz abkühlen lassen, dann auf eine große Servierplatte stürzen. Schmeckt heiß oder kalt. In Scheiben schneiden und mit glattblättriger Petersilie garnieren.

NÄHRWERTHINWEIS

Pro Portion:	
Energie	230 kcal/953 kJ
Fett, insgesamt	13,1 g
gesättigtes Fett	2,9 g
Eiweiß	12,5 g
Kohlenhydrate	16,8 g
Zucker, insgesamt	1,9 g
Ballaststoffe	4,3 g
Natrium	67 mg

Provenzalische Paprika

ZUTATEN

Für 4 Personen
1 EL Olivenöl
1 rote Zwiebel, in Ringe geschnitten
1 Zucchini, gewürfelt
115 g Champignons, blättrig geschnitten
1 Knoblauchzehe, zerdrückt
400-g-Dose gehackte Tomaten
1 EL Tomatenmark
40 g Pinienkerne
2 EL frisches Basilikum, gehackt
4 große Paprikaschoten
50 g Mimolette, fein gerieben, notfalls Gouda
Salz und gemahlener schwarzer Pfeffer
Basilikumblättchen zum Garnieren

1 Den Backofen auf 180 °C vorheizen. Das Öl in einem Topf erhitzen und darin Zwiebel, Zucchini, Pilze und Knoblauch anrösten und 3 Minuten unter Rühren köcheln lassen.

2 Tomaten und Tomatenmark zugeben und aufkochen, dann offen 10–15 Minuten auf kleiner Flamme etwas einkochen lassen, gelegentlich rühren. Vom Herd nehmen und Pinienkerne, Basilikum und Gewürze unterheben.

3 Paprika längs halbieren, entkernen, Stiele daranlassen. 3 Min. in kochendem Wasser blanchieren, abtropfen lassen.

4 Paprika in eine feuerfeste Form legen und mit Gemüsemasse füllen.

5 Mit Alufolie abdecken und 20 Minuten backen. Folie abnehmen, jede Paprikahälfte mit Reibkäse bestreuen und offen weitere 5–10 Minuten backen, bis der Käse geschmolzen ist und Blasen wirft. Mit Basilikumblättchen garnieren und sofort servieren.

ABWANDLUNG

Mit dieser Gemüsemasse können Sie ohne weiteres andere Gemüse füllen, beispielsweise Zucchini oder Auberginen. Probieren Sie anstelle von Mimolette einmal Parmesan.

NÄHRWERTHINWEIS

Pro Portion:	
Energie	211 kcal/881 kJ
Fett, insgesamt	15,7 g
gesättigtes Fett	3,8 g
Eiweiß	8,2 g
Kohlenhydrate	10 g
Zucker, insgesamt	8,6 g
Ballaststoffe	4,1 g
Natrium	136 mg

Parmesan-Risotto mit Mischpilzen

Zu klassisch italienischem Risotto wie diesem mit Pilzen, Kräutern und frischem Parmesan braucht man als Beilagen lediglich einen gemischten Blattsalat mit einer leichten, säuerlichen Marinade.

Zutaten

Für 4 Personen

1 EL Olivenöl
4 Schalotten, fein gehackt
2 Knoblauchzehen, zerdrückt
10 g getrocknete Steinpilze, 20 Minuten in 150 ml warmem Wasser eingeweicht
450 g Mischpilze, z. B. weiße, rosa und braune Champignons und Austernseitlinge, blättrig geschnitten
250 g Avorio- oder Naturreis
900 ml würzige Gemüsebrühe
2–3 EL glattblättrige Petersilie, gehackt
50 g geriebener Parmesan
Salz und gemahlener schwarzer Pfeffer

1 Öl in einem großen Topf erhitzen, darin Schalotten und Knoblauch ca. 5 Minuten unter Rühren anbraten. Steinpilze abtropfen lassen und grob hacken, Einweichflüssigkeit aufbewahren. Alle Pilze mit der Flüssigkeit, dem Reis und 300 ml Brühe in den Topf geben.

2 Zum Kochen bringen, dann herunterschalten und ohne Deckel einkochen lassen, bis der Reis die Flüssigkeit aufgesogen hat, dabei häufig umrühren. Einen Schöpflöffel heiße Brühe angießen und rühren, bis auch diese Menge eingekocht ist.

3 Weiter schöpflöffelweise Brühe angießen, bis der Reis gar und cremig, aber noch bißfest ist. Häufiges Rühren nicht vergessen. Es dauert insgesamt ca. 35 Minuten, aber Sie brauchen möglicherweise nicht die gesamte Brühe.

4 Mit Salz und Pfeffer abschmecken, gehackte Petersilie und den geriebenen Parmesan unterheben und sofort servieren. Sie können den Käse auch vor dem Anrichten auf das Risotto streuen.

Nährwerthinweis

Pro Portion:	
Energie	358 kcal/1511 kJ
Fett, insgesamt	10,9 g
gesättigtes Fett	3,65 g
Eiweiß	12,8 g
Kohlenhydrate	55,4 g
Zucker, insgesamt	2,2 g
Ballaststoffe	3,4 g
Natrium	738 mg

Omelette mit Frühlingsgemüsen

Zutaten

Für 4 Personen

50 g Spargel
50 g Schnittkohl, gehackt, ersatzweise Chinakohl
1 EL Sonnenblumenöl
1 Zwiebel, in Ringe geschnitten
175 g gekochte neue Kartoffeln, je nach Größe halbiert oder gewürfelt
2 Tomaten, gehackt
6 Eier
1–2 EL gemischte Kräuter, gehackt
Salz und gemahlener schwarzer Pfeffer
als Beilage ein beliebiger Salat

1 Spargel und Schnittkohl 5–10 Minuten über kochendem Wasser dämpfen, abtropfen lassen und warm stellen.

2 Öl in einer großen Pfanne erhitzen und die Zwiebeln darin 5–10 Minuten anbraten, aber nicht bräunen.

3 Die Kartoffeln zugeben und 3 Minuten unter Rühren weiterbraten. Tomaten, Spargel und Schnittkohl zugeben. Die Eier mit Kräutern, Salz und Pfeffer verquirlen.

4 Die Eier über die Gemüse gießen und auf kleiner Flamme stocken lassen, bis die Unterseite zu bräunen beginnt. Grill vorheizen und das Omelette 2–3 Minuten darunterstellen, bis die Oberseite goldgelb ist. Dazu einen Salat reichen.

Nährwerthinweis

Pro Portion:	
Energie	221 kcal/923 kJ
Fett, insgesamt	14,2 g
gesättigtes Fett	3,4 g
Eiweiß	13,6 g
Kohlenhydrate	10,4 g
Zucker, insgesamt	3,4 g
Ballaststoffe	2,1 g
Natrium	142 mg

SÜSSPEISEN

Unsere Süßspeisen sind zwar sehr verführerisch, aber noch lange keine Sünde, denn sie sind nicht nur glutenfrei, sondern auch gesund. Ein Teil der Rezepte ist eher etwas für besondere Anlässe, etwa die sommerliche Erdbeerrolle oder die Mousse au Chocolat mit glasierten Kumquats, andere aber lassen sich auch im Alltag rasch zaubern, um der Familie eine süße Freude zu bereiten, etwa mit cremigem Zitronenreis oder Mango-Joghurt-Eis. Dazu passen Naturjoghurt, Quark, glutenfreie Vanillecreme, Schlagsahne oder Schmant.

Cremiger Zitronenreis

Dieser köstliche Milchreis ist zur Abwechslung mit erfrischender Zitrone aromatisiert und schmeckt warm ebenso lecker wie kalt mit frischen Erdbeeren.

Zutaten

Für 4 Personen
50 g Milchreis
600 ml fettarme Milch
2 EL feiner Kristallzucker
fein abgeriebene Schale von 1 Zitrone
1 EL Butterflöckchen
Orangen- und Zitronenzesten zum Garnieren

Zum Anrichten:
225 g geputztes frisches Obst, beispielsweise Erdbeeren oder Ananas
evtl. 6 EL Crème fraîche

1 Eine 900 ml fassende feuerfeste Form einfetten. Reis hineingeben, die Milch angießen und 30 Minuten etwas einweichen lassen. Den Backofen auf 150 °C vorheizen.

2 Zucker, Zitronenschale und Butter zum Reis geben und sachte vermengen. 2–2 1/2 Stunden backen, bis die Oberfläche zu bräunen beginnt.

3 Mit Orangen- und Zitronenzesten garnieren und warm oder kalt mit frischen Früchten servieren.

4 Wenn Sie den Milchreis kalt servieren wollen, lassen Sie ihn abkühlen und heben dann die sich bildende Haut ab und stellen den Reis kalt. Wenn Sie mögen, heben Sie unmittelbar vor dem Servieren etwas Crème fraîche unter.

Nährwerthinweis

Pro Portion:	
Energie	220 kcal/928 kJ
Fett, insgesamt	8,8 g
gesättigtes Fett	3,9 g
Eiweiß	6,8 g
Kohlenhydrate	30,4 g
Zucker, insgesamt	19,7 g
Ballaststoffe	0,7 g
Natrium	121 mg

Pfirsich-Himbeerauflauf

Zutaten

Für 4 Personen
75 g Reismehl
50 g weiche Margarine
25 g Buchweizenflocken
25 g Hirseflocken
25 g Haselnüsse, grob gehackt
75 g hellbrauner Zucker
1 TL gemahlener Ingwer
3 frische Pfirsiche, entsteint und in Spalten geschnitten
225 g Himbeeren
4 EL frisch gepreßter Orangensaft

1 Den Backofen auf 180 °C vorheizen. Eine 1,2 l fassende feuerfeste Form einfetten. Das Reismehl in einer Schüssel mit der Margarine verreiben, bis der Teig die Konsistenz von Brotkrumen hat.

2 Buchweizen- und Hirseflocken, Haselnüsse, 50 g Zucker und Ingwer unterheben und alles vermengen.

3 Pfirsiche, Himbeeren, Orangensaft und den restlichen Zucker in der feuerfesten Form vermischen. Die Streuselmasse darüberstreuen und etwas andrücken. 30–45 Minuten backen, bis die Kruste hellbraun ist. Warm oder kalt servieren.

Abwandlung

Statt der Haselnüsse kann man auch Mandeln oder Walnüsse und anstelle des Ingwers gemahlenen Zimt verwenden.
Feste, reife Nektarinen oder in dünne Spalten geschnittene Äpfel schmecken anstelle der Pfirsiche auch sehr gut.

Nährwerthinweis

Pro Portion:	
Energie	369 kcal/1546 kJ
Fett, insgesamt	14,4 g
gesättigtes Fett	2,5 g
Eiweiß	4,8 g
Kohlenhydrate	57,5 g
Zucker, insgesamt	31,8 g
Ballaststoffe	3,1 g
Natrium	108 mg

Sommerliche Erdbeerrolle

Zutaten

Für 8 Personen
3 Eier
115 g feiner Kristallzucker plus 2 EL zum Bestreuen
115 g glutenfreies Mehl
150 g Naturjoghurt
150 g Quark
225 g Erdbeeren, in Scheiben
einige Erdbeeren und Minzeblättchen zum Garnieren

1 Den Backofen auf 200 °C vorheizen. Die Eier und 115 g von dem Zucker in einer großen Schüssel im Wasserbad mit dem elektrischen Handmixer verquirlen, bis die Masse hell, cremig und so dick ist, daß die Quirle beim Herausziehen Spuren hinterlassen.

2 Schüssel aus dem Wasserbad nehmen und abkühlen lassen. Die Hälfte des Mehls über die Masse stäuben und mit einem Spachtel vorsichtig unterheben. Mit dem restlichen Mehl genauso verfahren, nun 1 EL heißes Wasser zugeben.

3 Teig auf ein gefettetes oder mit Backpapier ausgelegtes Backblech (33 x 23 cm) gießen und glattstreichen.

4 10–15 Minuten backen, bis der Teig aufgegangen, goldgelb und fest ist. In der Zwischenzeit ein Stück Backpapier mit dem restlichen Zucker bestreuen. Die heiße Teigplatte darauf stürzen, die harten Ränder abschneiden und die Platte mit dem Backpapier nach innen rasch aufrollen. Mit der offenen Seite nach unten auf einem Kuchengitter auskühlen lassen.

5 Dann vorsichtig wieder auseinanderrollen. Joghurt und Quark verrühren und gleichmäßig auf der Teigplatte ausstreichen. Die in Scheiben geschnittenen Erdbeeren darauf verteilen. Die Platte vorsichtig wieder aufrollen und sofort servieren, zuvor noch mit Erdbeeren und Minze garnieren.

Nährwerthinweis

Pro Portion:	
Energie	190 kcal/797 kJ
Fett, insgesamt	5,68 g
gesättigtes Fett	2,5 g
Eiweiß	6,5 g
Kohlenhydrate	29,3 g
Zucker, insgesamt	18,8 g
Ballaststoffe	0,3 g
Natrium	53 mg

Buchweizenpfannkuchen mit Zimtäpfeln

Die würzigen Bratapfelspalten passen ausgezeichnet zu den nussigen Buchweizenpfannkuchen.

ZUTATEN

Für 4 Personen

3 säuerliche Äpfel, entkernt und in Spalten geschnitten
50 g feiner Kristallzucker
50 g Butter
2–3 EL Weinbrand
1–2 TL gemahlener Zimt
frische Minzeblättchen zum Garnieren
Dazu schmeckt Crème fraîche.

Pfannkuchen:

50 g Buchweizenmehl
50 g Reismehl
eine Prise Salz
1 Ei
300 ml fettarme Milch
Sonnenblumenöl zum Backen

1 Für die Pfannkuchen Buchweizen- und Reismehl mit Salz in eine Schüssel geben und in die Mitte eine Vertiefung drücken. Ei hineinschlagen und etwas von der Milch dazugießen. Masse mit einem Holzlöffel verrühren.

2 Nach und nach restliche Milch angießen, einen glatten Teig arbeiten.

ABWANDLUNG

Verwenden Sie statt der Äpfel einmal Birnen, oder würzen Sie die Bratäpfel zur Adventszeit mit Lebkuchengewürz.

3 In einer beschichteten Pfanne (Ø 18 cm) etwas Öl erhitzen. Soviel Teig hineingießen, daß der Boden gerade dünn bedeckt ist. Pfannkuchen goldgelb backen, wenden, weiterbacken.

4 Die fertigen Pfannkuchen auf einen vorgewärmten Teller legen und warm stellen. Insgesamt acht Pfannkuchen backen und übereinanderstapeln, dabei jedesmal ein Blatt Pergamentpapier dazwischenlegen.

5 Die Apfelspalten in einer Schüssel mit dem Zucker überstreuen und wenden.

6 Die Butter in einer großen Pfanne zerlassen und die Apfelspalten darin auf großer Flamme braten, bis das Fruchtfleisch weich und der Zucker karamelisiert ist. Häufig umrühren. Die Pfanne vom Feuer nehmen und die Äpfel mit Weinbrand beträufeln und mit Zimt bestreuen.

7 Pfannkuchen mit Äpfeln belegen und dazu Crème fraîche reichen, die Sie mit etwas Zimt einpudern können; mit Minzeblättchen garnieren.

NÄHRWERTHINWEIS

Pro Portion:	
Energie	368 kcal/1541 kJ
Fett, insgesamt	16,1 g
gesättigtes Fett	3,6 g
Eiweiß	6,5 g
Kohlenhydrate	47,8 g
Zucker, insgesamt	27,3 g
Ballaststoffe	1,7 g
Natrium	151 mg

Schoko-Baiser mit Beerenkompott

Mini-Schokoladenbaisers werden mit Crème fraîche zusammengesetzt und auf einem Kompott aus Sommerfrüchten appetitlich angerichtet.

Zutaten

Für 6 Personen

100 ml ungesüßter roter Traubensaft
100 ml ungesüßter Apfelsaft
2 EL heller, flüssiger Honig
450 g gemischtes frisches Beerenobst, etwa rote und schwarze Johannisbeeren, Himbeeren und Brombeeren

Baiser:

3 Eiweiß
175 g feiner Kristallzucker
75 g Zartbitterschokolade, gerieben
175 g Crème fraîche

Nährwerthinweis

Pro Portion:	
Energie	292 kcal/1235 kJ
Fett, insgesamt	9,48 g
gesättigtes Fett	5,7 g
Eiweiß	3,8 g
Kohlenhydrate	51,2 g
Zucker, insgesamt	51,1 g
Ballaststoffe	1,7 g
Natrium	49,8 mg

1 Den Backofen auf 110 °C vorheizen. Zwei Backbleche mit Backpapier auslegen.

2 Für die Baisers die Eiweiß in einer großen Schüssel sehr steif schlagen. Nach und nach mit der Hälfte des Zuckers verquirlen, dann vorsichtig den restlichen Zucker und die geriebene Schokolade unterheben.

3 Die Baisermasse in einen großen Spritzbeutel mit Sterntülle füllen und kleine Häufchen auf die vorbereiteten Backbleche spritzen.

4 2 1/2–3 Stunden eher trocknen als backen, bis die Baisers fest sind; auf einem Kuchengitter abkühlen lassen.

5 Kompott zubereiten. Fruchtsaft mit Honig in einem Topf bis kurz unter dem Siedepunkt erhitzen.

6 Die frischen Beeren in einer großen Schüssel mit dem heißen Fruchtsaft übergießen und vorsichtig etwas umrühren. Abkühlen lassen, dann abgedeckt kalt stellen.

7 Kurz vor dem Servieren je zwei Baisers mit Crème fraîche bestreichen und zusammensetzen.

8 Das Kompott auf Dessertteller verteilen, die Baisers darauflegen und sofort servieren.

Mousse au Chocolat mit glasierten Kumquats

ZUTATEN

Für 6 Personen
225 g Zartbitterschokolade, in Stücke gebrochen
4 Eier, getrennt
2 EL Weinbrand oder Orangenlikör
6 EL Schlagsahne (mind. 36 % Fett)

Glasierte Kumquats:
275 g Kumquats
115 g Zucker
1 EL Orangenlikör

1 Glasierte Kumquats: Früchte längs halbieren und mit der Schnittfläche nach oben in eine flache Form legen.

2 Zucker in einem Topf mit 150 ml Wasser mischen und unter ständigem Rühren erhitzen, bis er sich aufgelöst hat, dann zum Sieden bringen und ohne zu rühren sprudelnd kochen, bis der Zucker goldbraun karamelisiert.

3 Den Topf vom Herd nehmen und den Karamel ganz vorsichtig mit 4 EL kochendem Wasser ablöschen. Orangenlikör unterrühren, Karamel über die Kumquathälften gießen und abkühlen lassen. Nach dem Erkalten abgedeckt kalt stellen.

4 Für die Mousse eine flache Tortenform mit Klarsichtfolie auskleiden. Die Schokolade im Wasserbad schmelzen, dann vom Feuer nehmen.

5 Eigelb und Weinbrand oder Likör zur Schokolade geben und zu einer glatten Masse verrühren. Die Eiweiß in einer zweiten Schüssel steif schlagen und vorsichtig unter die Schokoladenmasse heben.

6 Die Masse in die vorbereitete Form gießen und glattstreichen. Mehrere Stunden kalt stellen, bis die Mousse fest ist.

7 Die Mousse auf eine Servierplatte stürzen und in Tortenstücke schneiden. Die glasierten Kumquats jeweils zu den Einzelportionen legen.

ABWANDLUNG

Verwenden Sie statt der Kumquats kleine kernlose Orangen, die Sie allerdings schälen und in Spalten schneiden müssen.

NÄHRWERTHINWEIS

Pro Portion:	
Energie	423 kcal/1810 kJ
Fett, insgesamt	22,3 g
gesättigtes Fett	12 g
Eiweiß	7,6 g
Kohlenhydrate	50,2 g
Zucker, insgesamt	49,8 g
Ballaststoffe	2,68 g
Natrium	68 mg

Zitronen-Käsekuchen mit Waldbeeren

Zutaten

Für 8 Personen
50 g Butter
25 g hellbrauner Zucker
3 EL heller Sirup
115 g glutenfreie Cornflakes
1 Tütchen (11 g) gemahlene Gelatine
225 g Frischkäse (ggf. fettreduziert)
150 g Naturjoghurt
150 ml flüssige Sahne
abgeriebene Schale und Saft von 2 Zitronen
75 g feiner Kristallzucker
2 Eier, getrennt
Puderzucker zum Bestäuben
225 g gemischte frische Waldbeeren, etwa Brombeeren, Himbeeren, Heidelbeeren und Johannisbeeren, zum Dekorieren

1 Butter, braunen Zucker und Sirup auf mäßiger Flamme unter Rühren in einem Topf erhitzen, bis sich alles aufgelöst und vermischt hat. Vom Herd nehmen und die Cornflakes unterheben.

2 Diese Masse in eine Springform von 20 cm Durchmesser füllen und andrücken. 30 Minuten kalt stellen.

3 In einer Schüssel die Gelatine auf 3 EL Wasser streuen und einige Minuten aufquellen lassen. Die Schüssel in ein Wasserbad stellen und die Gelatine auflösen. Frischkäse, Joghurt, Sahne, Zitronenschale und -saft, Kristallzucker und Eigelb in einer großen Schüssel verschlagen und zu einer glatten Masse verarbeiten.

4 Die heiße Gelatine zur Masse geben und gründlich vermischen.

5 Eiweiß steif schlagen und unter die Masse heben.

6 Diese Käsemasse auf dem Cornflake-Boden verteilen und glattstreichen. 4–5 Stunden kalt stellen, bis die Creme geliert ist. Den Kuchen vorsichtig aus der Form nehmen und auf einer Tortenplatte mit dem Beerenobst anrichten. Mit Puderzucker bestreut sofort servieren.

Abwandlung

Probieren Sie einmal ungesüßten Puffreis oder Reis-Crispies statt der Cornflakes.

Nährwerthinweis

Pro Portion:	
Energie	297 kcal/1246 kJ
Fett, insgesamt	15,2 g
gesättigtes Fett	6,65 g
Eiweiß	8,9 g
Kohlenhydrate	33,2 g
Zucker, insgesamt	22 g
Ballaststoffe	0,9 g
Natrium	267 mg

Backobstkompott

ZUTATEN

Für 6 Personen
115 g eßfertige Dörrfeigen
115 g eßfertige Dörraprikosen
50 g getrocknete Apfelringe
50 g eßfertige Backpflaumen
50 g getrocknete Birnen
50 g getrocknete Pfirsiche
300 ml ungesüßter Apfelsaft
300 ml ungesüßter Orangensaft
6 Nelken
1 Zimtstange
Mandelblättchen zum Garnieren

1 Den Backofen auf 180 °C vorheizen. Feigen, Aprikosen, Apfelringe, Backpflaumen, Birnen und Pfirsiche in einer flachen feuerfesten Form vermengen.

2 Apfel- und Orangensaft verrühren und über die Früchte gießen. Nelken und Zimt zugeben und vorsichtig vermengen.

3 Ca. 30 Minuten backen, bis die Früchte heiß sind, dabei ein- oder zweimal umrühren. Beiseite stellen und 20 Minuten einweichen lassen, dann Nelken und Zimt herausnehmen und wegwerfen.

4 Das Backobst in Dessertschälchen füllen und mit gerösteten Mandelblättchen garniert warm oder kalt servieren.

TIP

Sie können auch andere Fruchtsäfte verwenden, beispielsweise Ananas- und Orangensaft oder Trauben- und Apfelsaft.

NÄHRWERTHINWEIS

Pro Portion:	
Energie	174 kcal/744 kJ
Fett, insgesamt	0,8 g
gesättigtes Fett	0,05 g
Eiweiß	2,5 g
Kohlenhydrate	42,2 g
Zucker, insgesamt	42,1 g
Ballaststoffe	5,16 g
Natrium	26 mg

Mango-Joghurt-Eis

ZUTATEN

Für 6 Personen
450 g reife Mango, geschält, entkernt und gehackt
300 ml fettarmer Pfirsich- oder Aprikosenjoghurt
300 ml Naturjoghurt
2-4 EL feiner Kristallzucker
Frische Minzeblättchen zum Garnieren

1 Das Fruchtfleisch mit dem Mixstab oder in der Küchenmaschine pürieren. In eine Schüssel umfüllen.

2 Die beiden Joghurtsorten zugeben und gründlich mit dem Fruchtfleisch vermischen.

3 Nach Geschmack mit Zucker süßen und gut verrühren.

4 Masse in eine flache Plastikschale füllen und abgedeckt 1 1/2–2 Stunden kalt stellen, bis sie breiig geworden ist. In einer gekühlten Rührschüssel glattrühren.

5 Masse wieder in die Plastikschale füllen und im Gefrierfach fest werden lassen. Das Eis 30 Minuten vor dem Servieren in den Kühlschrank stellen, damit es weicher wird. Portionsweise mit Minzeblättchen garniert servieren.

NÄHRWERTHINWEIS

Pro Portion:	
Energie	155 kcal/655 kJ
Fett, insgesamt	2,9 g
gesättigtes Fett	1,7 g
Eiweiß	5,3 g
Kohlenhydrate	24,8 g
Zucker, insgesamt	24,3 g
Ballaststoffe	2,17 g
Natrium	89,6 mg

Aprikosen-Mandeltorte

Der Boden aus glutenfreiem Mürbeteig wird mit Aprikosen und Mandelmasse gefüllt. Herrlich dazu schmeckt Schlagsahne oder aufgeschlagener Schmant.

Zutaten

Für 6 Personen
115 g weiche Margarine
115 g feiner Kristallzucker
1 Ei, verquirlt
50 g Reismehl
50 g gemahlene Mandeln
einige Tropfen Mandelextrakt
450 g frische Aprikosen, halbiert und entsteint
Ggf. Puderzucker zum Garnieren
Ggf. Aprikosenspalten und Minzeblättchen zum Garnieren

Teig
115 g braunes Reismehl
115 g glutenfreies Maismehl
eine Prise Salz
115 g weiche Margarine
2 EL feiner Kristallzucker
1 Eigelb

1 Für den Teig in einer Schüssel Reis- und Maismehl mit Salz mischen. Die weiche Margarine einarbeiten, bis die Masse die Konsistenz von Brotkrumen hat.

Abwandlung

Nehmen Sie zur Abwechslung statt Mandeln und Mandelextrakt einmal gemahlene Haselnüsse und Vanilleextrakt.

2 Zucker, Eigelb und soviel kaltes Wasser zugeben, daß ein glatter, weicher, aber nicht klebriger Teig entsteht. Teig in Klarsichtfolie wickeln und 30 Minuten kalt stellen.

3 Backofen auf 180 °C vorheizen. Eine Torten- oder Springform von 24 cm Durchmesser einfetten, Teig hineingeben und andrücken, ringsum den Rand hochziehen. Der Boden darf keine Löcher haben. Den Rand mit einem scharfen Messer gerade abschneiden.

4 Für die Mandelmasse die Margarine – am besten mit einem Holzlöffel – mit dem Zucker zu einer hellen, cremigen Masse verrühren.

5 Nach und nach das verquirlte Ei hinzufügen und gründlich einarbeiten. Reismehl, gemahlene Mandeln und Mandelextrakt unterheben.

6 Die Mandelmasse in den Tortenboden füllen und glattstreichen, dann die Aprikosenhälften mit der Wölbung nach oben darauf verteilen.

7 Auf ein Backblech stellen; 40–45 Minuten backen, bis Füllung und Teig gebräunt sind. Warm oder kalt mit Puderzucker bestäubt servieren. Nach Wunsch dekorieren Sie jede Portion mit Aprikosenspalten und Minzeblättchen.

Nährwerthinweis

Pro Portion:	
Energie	487 kcal/2029 kJ
Fett, insgesamt	29,6 g
gesättigtes Fett	5,67 g
Eiweiß	5,6 g
Kohlenhydrate	50,4 g
Zucker, insgesamt	22,8 g
Ballaststoffe	1,54 g
Natrium	212 mg

Brot, Kuchen und Gebäck

Wenn der Duft von hausgemachtem Brot und Kuchen durch das Haus weht, kann kaum noch jemand der Versuchung widerstehen. Die folgenden Köstlichkeiten sind alle glutenfrei. Probieren Sie einmal Maisbrot mit Käse und Zwiebeln, einen gefüllten Sandkuchen, Honigkuchen oder einen Apfelkuchen wie aus Omas Zeiten. Verführerisch sind auch Aprikosen-Orangen-Muffins und Plätzchen mit Schokoladentröpfchen, die Erwachsenen und Kindern gleich gut schmecken, sei es als vollständige süße Mahlzeit oder einfach zwischendurch.

Reis-Mais-Buchweizenbrot

Frisch aus dem Backofen ist dieses Brot eine echte Delikatesse. Schneiden Sie die Scheiben nicht zu dünn, und reichen Sie zum Frühstück Konfitüre oder Honig dazu.

Zutaten

Ergibt 900 g

200 ml lauwarme fettarme Milch
200 ml lauwarmes Wasser
350 g dunkles Reismehl
50 g Buchweizen- oder Sojamehl
50 g glutenfreies Maismehl
1 TL feiner Kristallzucker
1 TL Salz
ein Tütchen (7 g) Trockenhefe
40 g weiche Margarine
1 Ei, verquirlt plus ein weiteres Ei zum Bepinseln
2 EL Sesamkörner

Tip

Sie können das Brot auch in einer anderen Form backen, beispielsweise rund oder quadratisch.

Nährwerthinweis

Pro Portion:

Energie	2200 kcal/9188 kJ
Fett, insgesamt	59 g
gesättigtes Fett	12 g
Eiweiß	62 g
Kohlenhydrate	344 g
Zucker, insgesamt	21 g
Ballaststoffe	14 g
Natrium	493 mg

1 Eine 900 g fassende Kastenform einfetten. Milch und Wasser in einem Meßbecher mischen.

2 Reis-, Buchweizen- bzw. Soja- und Maismehl mit Zucker und Salz in einer großen Schüssel mischen und die Trockenhefe zugeben. Alles gründlich vermengen, dann die Margarine einarbeiten, bis die Masse die Konsistenz von Brotkrumen hat.

3 Die Milch-Wasser-Mischung angießen und das Ei zugeben. Zu einem glatten, dicken Teig verarbeiten.

4 Diesen Teig in die vorbereitete Form geben und abgedeckt an einem warmen Ort über den Rand der Form aufgehen lassen.

5 Den Backofen auf 200 °C vorheizen. Die Oberfläche mit etwas verquirltem Ei bepinseln und die Sesamkörner darauf verteilen. Ca. 30 Minuten backen, bis die Oberfläche hellbraun ist. Mit einem Messer das Brot ringsum von der Form lösen.

6 Das Brot auf ein Kuchengitter stürzen und abkühlen lassen; noch warm servieren oder auf dem Gitter auskühlen lassen und kalt, in Scheiben geschnitten, servieren. In Alufolie oder einer Plastiktüte aufbewahren.

Maisbrot mit Käse und Zwiebeln

Dieses würzige glutenfreie Maisbrot schmeckt frisch natürlich am besten, sei es warm oder kalt, in Scheiben geschnitten oder mit einem fettarmen Brotaufstrich. Das Brot paßt auch gut als Beilage zu herzhaften Suppen, Eintöpfen und Schmorgerichten.

Zutaten

Ergibt ein Brot von ca. 900 g

1 EL Sonnenblumenöl
1 Zwiebel, in feine Ringe geschnitten
175 g glutenfreies Maismehl
75 g Reismehl
25 g Sojamehl
2 TL glutenfreies Backpulver
1 TL feiner Kristallzucker
1 TL Salz
115 g grob geriebener reifer Cheddar, Mimolette oder mittelalter Gouda
200 ml lauwarme Milch
2 Eier
40 g weiche Margarine, zerlassen

Tip

Verwahren Sie etwas von dem Käse und den Zwiebeln, und bestreuen Sie damit vor dem Backen die Oberfläche des Brotlaibs.

1 Backofen auf 190 °C vorheizen. Eine 900 g fassende Kastenform einfetten. Das Öl in einer Pfanne erhitzen und die Zwiebelringe darin 10–15 Minuten glasig und weich werden lassen, dabei gelegentlich umrühren. Vom Herd nehmen und erkalten lassen.

2 In einer Schüssel Mais-, Reis- und Sojamehl mit Backpulver, Zucker und Salz gründlich mengen. Den Käse unterheben und gleichmäßig verteilen.

3 Milch, Eier und zerlassene Margarine dazugeben und einarbeiten.

4 Die erkalteten Zwiebelringe zugeben und unterheben.

5 Die Masse in die vorbereitete Kastenform füllen und glattstreichen. Ca. 30 Minuten backen, bis das Brot aufgegangen und goldgelb ist.

6 Mit einem Messer das Brot ringsum von der Form lösen, auf ein Kuchengitter stürzen und etwas abkühlen lassen. Noch warm servieren oder ganz auskühlen lassen und in Scheiben schneiden. Zum Aufbewahren in Alufolie oder in eine Plastiktüte wickeln.

Nährwerthinweis

Pro Portion:	
Energie	2314 kcal/9631 kJ
Fett, insgesamt	121 g
gesättigtes Fett	42 g
Eiweiß	83 g
Kohlenhydrate	220 g
Zucker, insgesamt	21,2 g
Ballaststoffe	9 g
Natrium	3100 mg

Knusperriegel mit Sultaninen und Zimt

Diese würzig-knusprigen Riegel sind vor allem für Kinder ein gesunder Leckerbissen.

Zutaten

Ergibt 16 Riegel

115 g weiche Margarine
25 g hellbrauner Zucker
25 g dunkle Weichkaramellen
50 g heller, flüssiger Honig
175 g Sultaninen
2 TL gemahlener Zimt
175 g glutenfreie Reis-Crispies

1 Eine flache Backform (23 x 28 cm) einfetten. Margarine, Zucker, Karamellen und Honig in einem Topf sanft erhitzen, bis die Zutaten geschmolzen sind, dabei das Rühren nicht vergessen. Zum Kochen bringen und vom Herd nehmen.

2 Sultaninen, Zimt und Reis-Crispies unterheben und gründlich vermengen. In die vorbereitete Form füllen und glattstreichen, dabei fest andrücken.

3 Abkühlen; dann im Kühlschrank fest werden lassen. In Riegel schneiden, aus der Form stürzen und sofort servieren. Zur Aufbewahrung eignen sich luftdichte Behälter, die Sie in den Kühlschrank stellen sollten.

Abwandlung

Naschkatzen werden sich freuen, wenn Sie 75 g Schokolade schmelzen und mit einem Teelöffel oder Spritzbeutel auf der erkalteten Masse verteilen. Die Schokolade erstarren lassen, dann erst in Riegel schneiden.

Nährwerthinweis

Pro Portion:	
Energie	145 kcal/610 kJ
Fett, insgesamt	6,4 g
gesättigtes Fett	1,4 g
Eiweiß	1 g
Kohlenhydrate	22,4 g
Zucker, insgesamt	13,4 g
Ballaststoffe	0,3 g
Natrium	1,95 mg

Aprikosen-Orangen-Muffins

Servieren Sie dieses fruchtige Gebäck noch warm aus dem Ofen.

Zutaten

Ergibt 8 große oder 12 mittelgroße Muffins

115 g glutenfreies Maismehl
75 g Reismehl
2 TL glutenfreies Backpulver
eine Prise Salz
50 g weiche Margarine, zerlassen
50 g hellbrauner Zucker
1 Ei, verquirlt
200 ml fettarme Milch
fein abgeriebene Schale von 1 Orange
115 g eßfertige Dörraprikosen, gehackt

1 Den Backofen auf 200 °C vorheizen. 8 bzw. 12 Papierförmchen einfetten und in ein Muffinblech stellen. Mais- und Reismehl, Backpulver und Salz in einer Schüssel vermengen.

2 Die zerlassene Margarine mit Zucker, Ei, Milch und Orangenschale verrühren und zu den trockenen Zutaten geben. Alles vorsichtig vermengen, aber nicht zuviel rühren. Die Masse sieht dann recht klumpig aus, aber das ist normal. Wenn Sie zuviel rühren, werden die Muffins zäh.

3 Die gehackten Aprikosen unterheben und die Masse gleichmäßig auf die vorbereiteten Förmchen verteilen.

4 15–20 Minuten backen, bis die Muffins goldgelb aufgegangen sind. Drückt man auf die Oberfläche, sollen sie sich fest anfühlen. Auf einem Kuchengitter abkühlen lassen.

5 Die Muffins warm oder kalt oder halbiert und mit fettarmem Brotaufstrich servieren. Sie lassen sich bis zu einer Woche in einem Behälter aufbewahren oder bis zu 3 Monate einfrieren.

Nährwerthinweis

Pro Portion:	
Energie	136 kcal/572 kJ
Fett, insgesamt	4,6 g
gesättigtes Fett	1 g
Eiweiß	2,9 g
Kohlenhydrate	21 g
Zucker, insgesamt	8,5 g
Ballaststoffe	0,9 g
Natrium	195 mg

Gefüllter Sandkuchen

Füllen Sie diesen locker leichten glutenfreien Kuchen mit Ihrer Lieblingskonfitüre oder zu besonderen Anlässen mit frischen Früchten, etwa Himbeeren oder Pfirsichspalten. Den Pfiff bringt eine Schicht Schlagsahne oder Quark.

ZUTATEN

Ergibt einen Kuchen von 18 cm Durchmesser

175 g weiche Margarine
175 g feiner Kristallzucker
3 Eier, verquirlt
175 g glutenfreies Mehl, gesiebt
1 gehäufter TL glutenfreies Backpulver
4 EL Konfitüre
150 ml Schlagsahne oder Quark
1–2 EL Puderzucker zum Bestäuben

NÄHRWERTHINWEIS

Pro Portion:

Energie	3140 kcal/13110 kJ
Fett, insgesamt	166 g
gesättigtes Fett	36 g
Eiweiß	35 g
Kohlenhydrate	391 g
Zucker, insgesamt	263 g
Ballaststoffe	–
Natrium	1486 mg

1 Backofen auf 180 °C vorheizen. Zwei flache, runde Tortenformen von je 18 cm Durchmesser einfetten.

2 Margarine und Zucker in einer Schüssel cremig aufschlagen.

3 Die Eier nach und nach zugeben und gründlich einarbeiten. Zunächst die Hälfte des Mehls, dann den Rest unterheben.

ABWANDLUNG

Ersetzen Sie 2 EL Mehl mit glutenfreiem gesiebtem Kakaopulver, und füllen Sie den Kuchen mit Schoko-Buttercreme.

4 Die Masse gleichmäßig auf beide Formen verteilen und glattstreichen.

5 25–30 Minuten backen, bis die Kuchen aufgegangen und braun sind. Auf ein Kuchengitter stürzen und auskühlen lassen.

6 Nach dem Erkalten die Oberfläche des unteren Teils mit Konfitüre und Schlagsahne bzw. Quark bestreichen, die des oberen Teils dick mit Puderzucker bestäuben und die beiden zusammensetzen. Bewahren Sie den Kuchen im Kühlschrank in einem luftdichten Behälter oder in Alufolie gewickelt auf.

Nussiges Früchtebrot

In dünne Scheiben und mit Butter, Konfitüre oder Honig serviert, schmeckt dieses kernige Früchtebrot vor allem zum Frühstück.

Zutaten

Ergibt ein Brot von ca. 900 g

115 g getrocknete Datteln, gehackt
115 g eßfertige getrocknete Aprikosen, gehackt
115 g Sultaninen
115 g hellbrauner Zucker
225 g glutenfreies Mehl
2 TL glutenfreies Backpulver
2 TL Lebkuchengewürz
75 g gemischte Nüsse, gehackt, z. B. Hasel- und Walnüsse
75 g gemischte Körner, z. B. Hirse, Sonnenblumenkerne, Sesamsaat
2 Eier, verquirlt
150 ml fettarme Milch

1 Den Backofen auf 180 °C vorheizen. Eine 900 g fassende Kastenform einfetten. Die gehackten Datteln, Aprikosen und Sultaninen in einer großen Rührschüssel mit dem Zucker vermengen.

Nährwerthinweis

Pro Portion:	
Energie	3022 kcal/12686 kJ
Fett, insgesamt	107 g
gesättigtes Fett	14 g
Eiweiß	70,4 g
Kohlenhydrate	470 g
Zucker, insgesamt	294 g
Ballaststoffe	20 g
Natrium	944 mg

2 Mehl, Backpulver, Lebkuchengewürz, Nüsse und Körner in einer zweiten Schüssel vermengen.

3 Eier und Milch mit den Früchten verrühren, dann die Mehlmischung unterheben und gründlich einarbeiten.

4 Die Masse in die vorbereitete Form füllen und glattstreichen. Ca. 1 Stunde backen, bis sich das Früchtebrot fest anfühlt und hellbraun ist.

5 Ruhen lassen, dann auf ein Kuchengitter stürzen und auskühlen lassen. Warm oder kalt in Scheiben geschnitten servieren oder dazu fettarmen Brotaufstrich und Konfitüre reichen. In Alufolie gewickelt aufbewahren.

Honigkuchen

ZUTATEN

Ergibt einen Kuchen von ca. 900 g
115 g hellbrauner Zucker
75 g weiche Margarine
75 g flüssiger Honig oder Ahornsirup
75 g Rübenkraut oder Melasse
100 ml fettarme Milch
1 Ei, verquirlt
175 g glutenfreies Mehl
50 g Kichererbsenmehl
eine Prise Salz
2 TL gemahlener Ingwer
1 TL gemahlener Zimt
1 1/2 TL glutenfreies Backpulver

1 Den Backofen auf 160 °C vorheizen. Eine Kastenform einfetten. Zucker, Margarine, Honig und Rübenkraut in einem Topf auf kleiner Flamme schmelzen, bis eine glatte Masse entsteht, dabei gelegentlich umrühren.

2 Den Topf vom Herd nehmen und etwas abkühlen lassen. Milch und Ei hineinrühren.

3 In einer großen Schüssel Mehl, Salz, Gewürze und Backpulver mischen.

4 In der Mitte einmulden, flüssige Zutaten hineingießen und einarbeiten.

5 Die Masse in die vorbereitete Form füllen und 1–1 1/4 Stunden backen, bis der Kuchen hellbraun und fest ist.

6 Einige Minuten in der Form abkühlen lassen, dann auf einem Kuchengitter auskühlen. In einem luftdichten Gefäß oder in Alufolie aufbewahren.

NÄHRWERTHINWEIS

Pro Portion:	
Energie	2168 kcal/9100 kJ
Fett, insgesamt	73 g
gesättigtes Fett	16 g
Eiweiß	25 g
Kohlenhydrate	375 g
Zucker, insgesamt	240 g
Ballaststoffe	–
Natrium	1915 mg

ABWANDLUNG

50 g feingehackten eingelegten Ingwer unter den Teig heben. Sie können das Ingwer-Aroma noch verstärken, indem Sie 1–2 TL gemahlenen Ingwer hineingeben.

Plätzchen mit Schoko-Tröpfchen

Zutaten

Ergibt 16 Stück

75 g weiche Margarine
50 g hellbrauner Zucker
50 g feiner Kristallzucker
1 Ei, verquirlt
einige Tropfen Vanilleextrakt
75 g Reismehl
75 g glutenfreies Maismehl
1 TL glutenfreies Backpulver
eine Prise Salz
115 g Bitterschokoladentropfen oder eine Mischung aus weißen und dunklen Schokoladentropfen

1 Den Backofen auf 190 °C vorheizen. Zwei Backbleche einfetten. Die Margarine mit den beiden Zuckersorten in einer Schüssel cremig aufschlagen.

2 Eier und Vanilleextrakt unterheben. Reis- und Maismehl, Backpulver und Salz einarbeiten, dann die Schokoladentröpfchen unterheben.

3 Je einen Löffel des Teigs auf die Backbleche setzen, dabei immer etwas Platz lassen, damit die Plätzchen aufgehen können. 10–15 Minuten backen, bis die Plätzchen hellbraun sind.

4 Aus dem Ofen nehmen und ein paar Minuten ruhen lassen, dann einzeln vom Blech nehmen und auf einem Kuchengitter auskühlen lassen. Nach dem Erkalten halten sich die Plätzchen in einem luftdichten Behälter eine Woche lang. Sie können sie auch einfrieren.

Nährwerthinweis

Pro Portion:	
Energie	135 kcal/5676 kJ
Fett, insgesamt	6,5 g
gesättigtes Fett	2,12 g
Eiweiß	1,6 g
Kohlenhydrate	18,3 g
Zucker, insgesamt	10,9 g
Ballaststoffe	0,37 g
Natrium	75 mg

Kirsch-Kokos-Konfekt

Ein unwiderstehliches Konfekt. Noch üppiger (und verführerischer) werden die Happen, wenn man sie nach dem Erkalten mit 25–50 g geschmolzener Schokolade verziert.

Zutaten

Ergibt 20 Stück

2 Eiweiß
115 g Puderzucker, gesiebt
115 g gemahlene Mandeln
115 g Kokosflocken
einige Tropfen Mandelextrakt
75 g Belegkirschen, fein gehackt

1 Den Backofen auf 150 °C vorheizen. Zwei Backbleche mit Backpapier auslegen. Die Eiweiß in einer Schüssel sehr steif schlagen.

2 Nacheinander Puderzucker, Mandeln, Kokosflocken und Mandelextrakt zugeben und zu einem zähen, klebrigen Teig verarbeiten. Die gehackten Belegkirschen unterheben.

Nährwerthinweis

Pro Portion:	
Energie	103 kcal/430 kJ
Fett, insgesamt	6,7 g
gesättigtes Fett	3,3 g
Eiweiß	1,836 g
Kohlenhydrate	9,3 g
Zucker, insgesamt	9,1 g
Ballaststoffe	1,24 g
Natrium	10,2 mg

3 Je einen gehäuften Teelöffel der Masse auf das Backblech setzen. 25 Minuten backen, bis die Happen goldgelb sind. Einige Minuten auf den Blechen ruhen lassen, dann auf einem Kuchengitter auskühlen lassen. Das Konfekt hält sich bis zu einer Woche.

Abwandlung

Statt der Mandeln gemahlene Haselnüsse nehmen. Dann den Mandelextrakt weglassen.

Omas Apfelkuchen

Zutaten

Ergibt einen Kuchen von 18 cm Durchmesser

115 g weiche Margarine
115 g hellbrauner Zucker
2 Eier, verquirlt
115 g glutenfreies Mehl
2 TL Backpulver
50 g Reismehl
2 TL Lebkuchengewürz
1 mittelgroßer säuerlicher Apfel, geschält, entkernt und gehackt
115 g Rosinen
ca. 4 EL fettarme Milch
15 g Mandelblättchen
dazu paßt Vanillesauce oder Schlagsahne

1 Backofen auf 160 °C vorheizen. Eine kleine Springform (18 cm Durchmesser) mit Backpapier auslegen.

2 Margarine und Zucker in einer Schüssel cremig aufschlagen. Nach und nach die Eier zugeben und gründlich einarbeiten. Mehl, Reismehl, Backpulver und Lebkuchengewürz zugeben und gut verrühren.

Abwandlung

Statt der Rosinen Sultaninen oder gehackte getrocknete Aprikosen oder Birnen nehmen.

3 Die Apfelstücke, Rosinen und so viel Milch zugeben, daß ein weicher, zähflüssiger Teig entsteht.

4 Masse in die vorbereitete Form füllen und glattstreichen. Mit Mandelblättchen bestreuen. 1–1 1/4 Stunden backen, bis der Kuchen hoch aufgegangen und goldgelb ist.

5 Ca. 10 Minuten in der Form ruhen lassen, dann auf ein Kuchengitter stürzen und auskühlen lassen. Der Kuchen schmeckt auch warm mit Vanillesauce oder Eis. In einem luftdichten Behälter oder in Alufolie aufbewahren.

Nährwerthinweis

Pro Portion:

Energie	2506 kcal/10483 kJ
Fett, insgesamt	120 g
gesättigtes Fett	25 g
Eiweiß	35 g
Kohlenhydrate	340 g
Zucker, insgesamt	214 g
Ballaststoffe	6 g
Natrium	1695 mg

Weiterführende Informationen

Nützliche Adressen

Deutsche Zöliakie-Gesellschaft e.V.
Filderhauptstraße 61
70599 Stuttgart
Tel. 0711/45 45 14
Fax 0711/45 678 17
Mail: DZG.E.V.@t-online.de

Schweizerische Interessengemeinschaft für Zöliakie
Reichensteinerstraße 15
CH-4053 Basel
Tel. 061/271 62 17
Fax 061/271 62 18
Mail: dimas@ro13.com

Österreichische Arbeitsgemeinschaft Zöliakie
Anton-Baumgartner-Str. 44/C5/2302
A-1230 Wien
Mail: argezoeliakie@kabelnet.at

Zöliakie im Internet

www.zoeliakie.net
www.datacomm.ch/wmat
(Im Internet finden Sie auch Adressen von Herstellern glutenfreier Produkte sowie allgemeine Informationen zur Zöliakie.)

Weiterführende Literatur

Betz-Hiller, Andrea: *Zöliakie, na und?* Ein Ratgeber für Menschen mit Zöliakie und einheimischer Sprue. Mit Back- und Kochrezepten. Trias Verlag. ISBN 3-89373-332-9

Forberger, Hubert/Caspary, Wolfgang F.: *Zöliakie, Sprue.* Glutenfreie Ernährung für Kinder und Erwachsene. Gräfe und Unzer Verlag. ISBN 3-7742-2721-7

Graf-Sittler, Franzis: *Vollwertige glutenfreie Ernährung.* Rezepte für die ganze Familie. ISBN 3-922894-6

Kircher, Nora: *Milchfrei leben, glutenfrei leben.* Ratgeber für Lactoseintoleranz und Zöliakie. Mit über 100 Rezepten. ISBN 3-926955-49-X

Klaeger, Cornelia: *Das Praxisbuch/Glutenfreie Ernährung.* Südwestverlag ISBN 3-517-01779-5

Lembcke, Bernhard/Wickenkamp, Birgit/Engelfried, Angelika/Caspary, Wolfgang F.: *Leben mit Zöliakie/Sprue.* Handbuch für Patienten. Deutsche Zöliakie-Gesellschaft. ISBN 3-9803623-1-0

Raabe, Ute: *Das Kochbuch für Eiweißallergiker.* Vollwertige Rezepte ohne Gluten, Milcheiweiß und Hühnereiweiß. Heyne Verlag. ISBN 3-453-08720-8

Glossar

Anämie (»Blutarmut«) – Mangel an roten Blutkörperchen; geht mit Abgeschlagenheit und Kurzatmigkeit einher.

Dermatitis herpetiformis – seltene Hautkrankheit; wird durch eine Überempfindlichkeit gegen Gluten ausgelöst und ruft äußerst stark juckenden Hautausschlag hervor.

Gluten, Kleber – Eiweiß, das in Weizen und Roggen vorkommt und die Backfähigkeit des Mehls bedingt.

Glutenfreie Ernährung – Diät, bei der alle glutenhaltigen Nahrungsmittel strikt ausgeschlossen sind – also Weizen und Roggen in jeder Form sowie Gerste und Hafer, die dem Gluten ähnliche Proteine enthalten.

Jejunumbiopsie – ein Nachweistest. Unter leichter Sedierung wird etwas Gewebe aus dem Zottengewebe des Dünndarms entnommen. Bei der mikroskopischen Untersuchung zeigt sich dann, ob eine Zöliakie vorliegt oder nicht.

Nährstoffe – wichtige Bestandteile unserer Nahrung, die dem Körper Energie in Form von Kilokalorien/Kilojoules, Eiweiß, Fett, Ballaststoffen, Kohlenhydraten, Vitaminen und Mineralien liefern.

Sprue – (engl.) Erkrankung des Dünndarms mit gestörter Resorption fast aller Nahrungsbestandteile einschließlich Wasser. Die sogenannte einheimische Sprue ist mit der Zöliakie verwandt.

Weizenallergie und -unverträglichkeit – eine Gesundheitsstörung, die vielfältige Symptome auslösen kann. Die Behandlung besteht in einer strikt glutenfreien Ernährung, die zudem auf jegliche weitere Weizenbestandteile verzichtet.

Zöliakie – Erkrankung aufgrund einer angeborenen Unverträglichkeit gegen Gluten.

Zotten – fingerartige Ausstülpungen der Dünndarmschleimhaut, die für die Resorption von Nährstoffen aus dem Speisebrei im Darm zuständig sind.

REGISTER